「日本」誕生

東国から見る建国のかたち

熊倉浩靖

現代書館

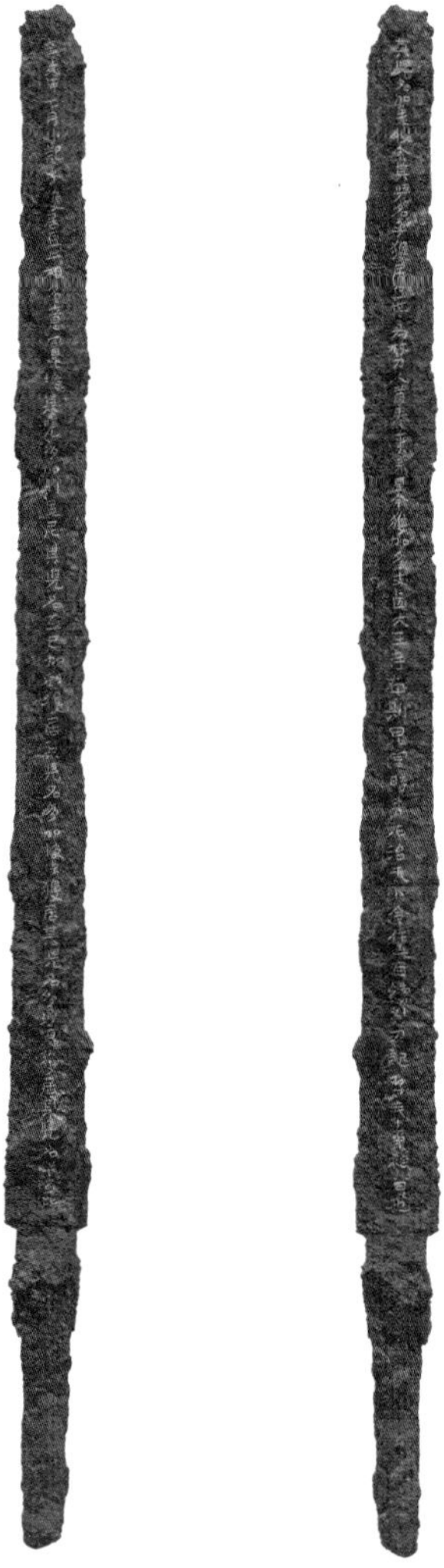

口絵 1　埼玉稲荷山古墳出土の金錯銘鉄剣にＸ線を当てたところ、文字が浮かび出てきた。その表面（左）と裏面（右）。国宝（所有：文化庁、写真提供：埼玉県立さきたま史跡の博物館）

口絵 2　綿貫観音山古墳出土の銅水瓶。6 世紀ごろの中国の東魏・北斉の由来のものと思われるが倭国と直接の交流があったかどうか、また朝鮮半島の古墳にも出土の記録はなく、伝来方法は不明。重要文化財（所有：文化庁、写真提供：群馬県立歴史博物館）

口絵 3　八幡観音塚古墳出土の金銅製托杯（承台付蓋鋺）2 点のうちのひとつ。重要文化財（写真提供：高崎市教育委員会）

口絵 4　三津屋古墳。発掘調査で古墳の形が正八角形と判明した全国唯一の古墳。群馬県史跡（写真提供：吉岡町教育委員会）

口絵 5　ユネスコ「世界の記憶」に登録された上野三碑のひとつ、多胡碑。特別史跡（写真提供：高崎市教育委員会）

はじめに　危うい「祝日」がひもとく史実

「建国記念の日」という祝日があります。政令で二月十一日と定められています。「建国記念日」ではなく「建国記念の日」とされ、他の祝日がすべて「国民の祝日に関する法律（祝日法、昭和二十三年法律一七八号）」で日にちが定められているのに対し、政令（日本国憲法第七三条六に基づき内閣が制定する命令）で日にちが定められているという、まことに危うい「祝日」です。

危うい「祝日」であることは、制定の経緯からもみてとれます。

おおむね、こんな経緯です。

① 天皇を元首とする国家をめざした明治政府は、明治五（一八七二）年から六年にかけて、「始《はっ》馭《くに》天《し》下《ら》之《す》天皇《すめらみこと》（最初の天皇）」とされた神日本磐余彦火々出見天皇《かみ(かむ)やまといはれひこほほでみのすめらみこと》（神武天皇）[1]が橿原宮《かしはらのみや》に「即帝位《あまつひつぎしろしめし》」た「辛酉《かのととり》年春正月庚辰朔《かのえたつのついたち》」を「紀元（建国の日）」とし（『日本書紀』巻第三）、新暦（現行の太陽暦＝グレゴリオ暦）に換算した紀元前六六〇年二月十一日を紀元節（＝建

国の日）と定めた。

②　敗戦後、紀元節は、天皇制軍国主義の象徴の一つとしてＧＨＱ（連合国軍最高司令官総司令部）の意向で廃された（昭和二十三年）。

③　戦後復興を成した以上、日本国家に建国の日が欲しいという心情（信条？）から、昭和四十一（一九六六）年建国記念日審議会の推薦を経て、戦前の「紀元節」と同じ二月十一日を政令で「建国記念の日」とした。世論調査などから国民がいちばん馴染んでいるというのが日にち選定の理由。

「紀元節」復活・天皇制軍国主義への回帰という批判が広範に湧き起こりましたが、建国記念日を求めた人々の間でも紀元前六六〇年に日本列島に国家が成立していたと考える人は少数でした。そのことが、「建国記念の日」という祝日名と、日にちを法律で定められないという事態をもたらしました。

さらに興味深いのは、明治政府が紀元節を新暦換算で二月十一日と決めるにも紆余曲折があり、さかのぼって、『日本書紀』が神武天皇即位の日を「辛酉年春正月庚辰朔」と決めた背景に、「日本」国家成立の史実が見え隠れしていることです。

明治政府の換算事情から見ていきましょう。

明治政府は、当初「辛酉年春正月庚辰朔」を紀元前六六〇年一月二十九日に換算しました。当時の政府命令を太政官《だじょうかん》布告《ふこく》と言いますが、明治五年の旧暦十一月十五日に国家の「紀元」を定める二つの太政官布告が出されています。第三四二号と三四四号です(2)。

第三四二号
今般太陽暦御頒行　神武天皇御即位ヲ以テ紀元ト被定候ニ付其旨ヲ被為告候為メ来ル廿《二十》五日
御祭典被執行候事（以下略）

第三四四号
第一月廿《二十》九日　神武天皇御即位相当ニ付祝日ト被定例年御祭典被執行候事

そして実際、新暦に切り替えられた明治六（一八七三）年一月二十九日に、神武天皇即位日を祝って全国各地で神武天皇御陵遙拝式が行われました。三月七日には、明治六年太政官布告第九一号で「神武天皇御即位日紀元節ト被称候事」と命じています。

ところが、です。ここで定めた一月二十九日は、それまでの旧暦元旦を換算し直しただけだったため、紀元節は旧正月の祝だという「理解」が国民の間に広まり始めました。そこで明治政府は、『日本書紀』が神武天皇即位と記したときの暦を新暦で換算し直す作業に着手します。そして明治六年十月十四日太政官布告第三四四号（奇しくも一年前と法律番号が一致！）で、神武天皇即位日「紀元節二月十一日」を定め直しました。先帝・孝明天皇の新暦換算の命日が一月三十日と近接していたことも、背景としてあったようです。

二月十一日と紀元前六六〇年紀元が独り歩きを始めます。そして昭和十五（一九四〇）年「紀元二千六百年式典」が開かれるに至りました。しかし、式典日は二月十一日ではありませんでした。十一月十日でした。

二月十一日の決定が、戦後だけでなく、明治政府決定段階でも紆余曲折があり、これまた危うい「祝日」だったことは興味深いところです。

実は、元となった『日本書紀』の暦日もまた大いに問題がありました。

ちょっと考えれば分かることですが、紀元前六六〇年の日本に干支《かんし》で表された暦があったとは考えられません。『日本書紀』自身が、天国排開広庭天皇《あめくにおしはらきひろにはのすめらみこと》（欽明天皇）十四年の条に、百済に、良馬二疋・同船《もろきふね＝諸木舟》（多くの木材を接合して造った船）二隻・弓五十張・箭《や》五十具《つがえ》などの武具・武器を贈るから、交代制の「暦博士《こよみのはかせ》」と「暦本《こよみのためし》」を贈って欲しいと求め、翌年「暦博士固徳《百済第八品》王保孫」が来たと記しています。百済からの支援なしには暦を使うことができなかった様子が率直に描かれています。欽明天皇十四年は五五三年にあたります。

さらに『日本書紀』は、豊御食炊屋姫天皇《とよみけかしきやひめのすめらみこと》（推古天皇）十年冬十月の条に「百済僧観勒《ほふしくわんろく》来之（＝来朝）。仍《よ》りて暦本及び天文地理書并《あはせ》て遁甲（＝占星術）方術（＝占い）の書を貢る。是時、書生《ふみまなぶるひと》三、四人を選びて観勒に学習《まなびならは》しむ。陽胡史《やこのふひと》の祖《おや》、玉陳《たまふる》、暦法《こよみ》を習ふ」（原漢文読み下し。時に意味補足。歴史的仮名遣い。以下同）と記し、推古天皇十（六〇二）年になって、ようやく本格的に暦法が習得されたと伝えています。

紀元前六六〇年とは千年以上の開きがあります。なぜ、神武天皇即位の年月日を「辛酉年春正月庚辰朔」、それも紀元前六六〇年の辛酉年としたのでしょうか。

「辛酉《しんゆう（かのととり）》革命」説という考え方に基づくものです。

儒教の正統的な思想書『詩』『書』『礼《らい》』『易《えき》』『春秋』などを「経書」といいますが、異端というか、いささか神秘主義的な解釈書の類いを「緯書」といいます。「経（たていと）」に対する「緯（よこいと）」という意味合いです。

緯書の中に、干支が「辛酉」の年には天命が革《あらた》まるという考え方がありました。

中国諸王朝においては辛酉年による建国も改元も見当たりませんが、日本では、これを信じました。

はっきりと分かっているのは、平安時代前半の辛酉の年、昌泰四（九〇一）年の文章博士《もんじょうはかせ》三《み》善《よし》宿禰《のすくね》清行《きよゆき》（八四七～九一九）の進言（上奏文）です。その名も「革命勘文《かんもん》」という名前で知られています。

「天道の状に応じ證據《（証拠）》四條を合はせて改元を請《こ》ふ」とし、その一に「今年大変革命年に当る事」として「易緯に云ふ。辛酉、革命を為し、甲子《かっし（きのえね）》、革令を為す」「今緯説に依り倭漢の旧記を勘合するに、神倭磐余彦《かむやまといわれひこ》天皇、筑紫日向宮《ひむかのみや》より親しく船師《ふねいくさ》を帥《ひき》ゐて東征、諸賊を誅滅し、初めて帝宅を畝火《（畝傍）》山東南の地、橿原宮に営み、辛酉春正月即位。是に元年と為す」と述べています。

進言を受けて、昌泰四年を延喜元年に改元します。以後、一八六一年まで六〇年ごとに改元が行われました。一五六　年と一六二一年だけは改元しませんでしたが、九〇一年から一七回あった辛酉年の改元は一五回に及んでいます。改元率八八％です。きわめて高い頻度です。三善清行は、最初の例として神武天皇即位を持ち出しますが、昌泰四年までの一五六〇年間、辛酉年の「大変」は実は一度しかありませんでした。

それは六六一年、皇祖母尊《すめみおやのみこと》と称される天豊財重日足姫天皇《あめとよたからいかしひたらしひめのすめらみこと》（斉明天皇）が朝倉橘広《あさくらたちばなのひろ》庭宮《にはのみや》（福岡県朝倉市）にて崩御されたことです。

このことがいかに「大変」であったかと言えば、前の年、百済《くだら・ペクチェ》は新羅《しらぎ・シルラ》・唐連合軍の前に敗れ去り国を失います。亡国回復のため、百済は倭（当時の日本）に救援軍を求めました。それを受け、六六一年正月難波津（大阪湾）を発った斉明天皇以下王族・貴族は、娜大津《なのおほつ》（大津宮、福岡県福岡市）・磐瀬行宮《いはせのかりみや》（長津宮と改称、福岡県中間《なかま》市）を経て朝倉宮に移動します。そこで百済救援軍の編制、派遣に全力で取り組むのです。王宮も王族・貴族もすべて九州まで移動する一大事でした。倭にとっても危急存亡の非常時だったからです。

大海人《おほあま》皇子（後の天武天皇）の多くの子が、こうした中で生まれていることからも分かります。大田姫皇女《ひめみこ》は六六一年大伯海《おほくのうみ》（岡山県瀬戸内《せとうち》市）で大伯皇女《おほくのひめみこ》を、六六二年娜大津（大津宮）で大津皇子を生み、鸕野讃良《うののささら》皇女（後の持統天皇）は六六二年大津宮で草壁《くさかべ》皇子を生んでいます。後に草壁皇子と結ばれて訶留《かる》皇子（後の文武天皇）を生む、中大兄《なかのおほえ》皇子（後の天智天皇）の娘・阿閉《あべ》皇女（後の元明天皇）も六六一年の生まれですから、こうした中で生まれたと思われます。

額田王《ぬかたのおほきみ》の有名な歌に「熟田津《にぎたづ》に船乗りせむと月待てば潮もかなひぬ今は漕ぎ出でな」（『万葉集』巻一―八）があります。『万葉集』編者の注によれば「辛酉年春正月丁酉朔庚戌《十五日》」に熟田津（愛媛県松山市）で詠まれたとされます。満月の夜です。待ちに待った月齢と大潮を前に、決戦の場に臨む人々の心の高ぶりが伝わってくる雰囲気がよく出ています。

そうしたただなかの辛酉年、六六一年七月、斉明天皇（天智天皇の母）は筑紫で崩御します。まさに非常事態です。

『日本書紀』天命開別天皇《あめみことひらかすわけ》（天智天皇）即位前紀によれば、皇太子《ひつぎのみこ》・中大兄皇子は朝倉宮で「素服《あさものみそたてまつりて》称制《まつりごときこしめ》」、すなわち白の麻衣を着て皇太子のまま即位せず政務を執行し、長津宮に移って「水表之《をちかたの》軍政《いくさのまつりごと》を聴《きこしめ》」（海の向こうの軍事事情を聴取）したのです。翌六六二年、百済に、大量の救援物資や武器・武具と、倭国にいた百済王子（豊璋《ほうしょう》）を送り、六六三年、『日本書紀』の記載によれば二万七千人という大部隊を百済に派遣します。しかし、完敗しました。これが白村江の戦いです。

直後、百済亡命者の受け入れ、軍政・防衛の強化と唐との外交交渉に奔走し、六六八年になってようやく中大兄皇子は即位したと『日本書紀』は記します。その中で、「辛酉年」は起点として強く意識されました。

三善清行は、「革命勘文」に、後漢末の学者・鄭玄《じょうげん（ていげん）》（一二七〜二〇〇）の説を引いて、「六甲（六〇年）を一元と為し…二十一元を一蔀《ほう》（一二六〇年）と為す。（一蔀一元）合はせて千三百二十年」、「神倭盤余彦天皇即位辛酉年より天豊宝重日足姫天皇七年庚申年《正しくは辛酉年》(3)に至る、合はせて千三百二十年」と書き、神武天皇即位と斉明天皇崩御の間隔がきわめて重要な時間差、一蔀一元すなわち一三二〇年になると訴えました。

斉明天皇七年辛酉から一蔀一元、一三二〇年さかのぼった辛酉年が「神武紀元」とされたのです。

これが、紀元前六六〇年「辛酉年春正月庚辰朔」が「紀元」となるからくりです。

しかし、まだ解明しなければならない問題があります。「辛酉年春正月朔」が「庚辰」となるかどうかは、暦によって異なるという問題です。「辛酉年春正月朔」は、いかなる暦によれば「庚辰」となるでしょうか。

『日本書紀』には元嘉暦《げんか》と儀鳳暦《ぎほう》という、二つの暦が使われていました。二つの暦が共に「辛酉年春正月朔」を「庚辰」としていれば問題はうやむやのままですが、幸いにも、元嘉暦では「庚辰」にはなりません。「辛巳」です。儀鳳暦で初めて「庚辰」になります(4)。

神武紀元は儀鳳暦によるということです。

二つの暦がいつ使われたかが、「神武紀元」決定のからくりを最終的に照らし出します。

中国の史書『旧唐書《くとうじょ》』経籍志によれば、元嘉暦は、南朝・宋の天文学者・可承天（三七〇〜四四七）が編纂した暦法です。中国では、宋の元嘉二十二（四四五）年から梁の天監八（五〇九）年まで使われました。倭への伝来は、『日本書紀』欽明天皇の条の記載から、暦博士・王保孫《おうほうそん》が来日した、欽明天皇十五（五五四）年前後と見られます。

中国ではすでに使われなくなった暦でしたが、日本では、六〜七世紀を通して元嘉暦が使われていたと考えられます(5)。

いつ儀鳳暦に切り替えられたのでしょうか。

『日本書紀』持統天皇四（六九〇）年十一月十一日の条に「勅《みことのり》」によって初めて「元嘉暦と儀鳳暦とを」施行したことが注目されます。元嘉暦と、儀鳳暦の併用が始まったと解されるからです。儀鳳暦に完全に切り替えられたのは文武天皇即位の六九七年でした。

実は、中国の史書に、儀鳳暦の文字はありません。唐の天文学者・李淳風（六〇二〜六七〇）が編纂した麟徳暦の、日本独自の呼び方です。麟徳暦は、唐の麟徳二（六六五）年から開元十六（七二八）年まで使われました。日本で儀鳳暦と呼ぶのは、唐の儀鳳年間（六七六〜六七九）に日本に伝わったためと見られています。しかし、この間、遣唐使は派遣されていませんから、新羅からの伝来と見るのが妥当でしょう。

「神武紀元辛酉年正月庚辰朔」説は、どんなに早くても六九〇年以降の成立となります。『日本書紀』編纂の場で決められた日にちでしょう。

「建国記念の日」は、ますます危うい「祝日」になってしまいました。

しかし、国家の紀元を求めて日にちを設定し始めたことは、国家がほぼ完成した証拠とも言えます。六九〇年以前に「日本」という国家が確立されていたら、元嘉暦が採用されたでしょう。日本という「国家」の成立は六九〇年以降ということになります。

「建国記念の日」という危うい「祝日」は、紀元節復活論者や皇国史観信奉者の心情に反して、あるいは逆に、それを批判・反対される人々の思惑をも超えて、「日本」という国家成立の史実をひもといてしまったのです。皮肉と言うか、何とも面白い話です。

ここを起点に「日本」という国家の成立を探る旅を始めましょう。

「日本」誕生——東国から見る建国のかたち◉目次

第一章　日本という国家の成立

「日本」はいかなる情勢の中で誕生したか

「モンテビデオ条約」と呼ばれる条約があります。締結時に日本が関係していないこともあって、初耳だという方もあろうかと思いますが、一九三三年ウルグアイのモンテビデオで締結された条約です。

正式名称を「国家の権利及び義務に関する条約」と言います。第一条で国家の要件を定めています。次の四つです。

①　永続的住民
②　明確な領域
③　政府
④　他国と関係をもつ能力

①は国民、②は国土（領土・領海・領空）、④は独立主権（自主的な外交能力）と言い換えられます。

西欧近代における「国民国家形成」の歴史と現状を踏まえてまとめられた要件ですが、古代あるいは初めての国家形成においても当てはまるものと思われます。

ただ、よく考えてみると、四つの要件にはもうひとつ前提となる暗黙の了解があるようです。「国民」としての意識の共有です。

統治者（支配層）ばかりか被統治者（被支配層）も、その国の民であると自覚し、暮らしあう領域を国土と認識し、政府とその外交を認める意識の共有です。

西欧近代にあっては、統治される人々が、領域を共有する住民としての意識を高め、王の民として統治される国家ではなく、国民のひとりとしてともに運営する国家を作り上げてきました。

モンテビデオ条約では、そうした歴史の成果としての国家には統治される人々の意識の共有が前提としてあり、暗黙の了解となっていたと思われます。

しかし古代国家の成立、あるいは地域にとって最初の国家がつくられていくとき、それ以前にはなかった「国民」としての意識はいかにして出来上がっていくのでしょうか。このことを、「古代日本の国家成立」を舞台として、本書の重要な検討課題として読者とともに見ていきたいと思います。

今日では、「持続的発展（sustainable development）」ができるかどうかが、地球的課題になっています。しかし、そもそもある領域において、多様な人々がともに暮らし続ける「民」としての意識をいかにしてその始まりにおいて持ち得るのか、そのことを考えることは決して過去の問題ではなく、今日的で重要な課題のように思えます。

さらに領域の持続的発展を意図したとき、それを「合理的」に統合する政府をどのように受け容れるのかどうか、考えてみたいのです。「国民」としての「多様性の統合（diversity and inclusion）」が国家成立の前提にあるかどうか、です。

「国民」としての意識はどのようにもたらされたのでしょうか。そこには人々がともに暮らし、農作物のみならず様々な物を生産し流通する地域としての経済的基盤があるとともに、他とは区別される文化の共有がなくてはいけません。

そこで私は、「国民」意識を育んだ文化、つまり言語や信条（「宗教」意識）などの共有がいかにして進んだかにも目を配りながら、日本列島における国民・国土・政府・外交の成立、日本国家の成立を見ていきたいと思います。

そのことを考えるには、「日本」国家が形成される時代における周囲の情勢、すなわち取り巻く環境の特性を理解する必要があります。

端的に言えば、日本列島に展開した社会がようやく政治的成熟を始めた頃、すでに隣り合う大陸では帝国と呼びうる強大な国家が成立していました。日本列島だけでなく、朝鮮半島の諸勢力も、大陸の周辺諸勢力も、この強大な国家（中華＝中国諸王朝）に従属する形で国家形成を図らざるを得ませんでした。

東洋史家・西嶋定生が「冊封体制《さくほう》」と名づけた世界秩序です(1)。中国諸王朝は、自らの影響の及ぶ範囲を「天下」と位置づけました。中国皇帝は、天下を治める天命《てんめい》を託された天子として、直接支配している国土(中華)だけでなく、中華を取り巻く周辺の諸地域も中華に属させるという思想です。

周辺諸地域は中華文明の行き渡らざる地域と捉えられ、東夷《い》・南蛮《ばん》・西戎《じゅう》・北狄《てき》と呼ばれます。それらの地域は、中華に朝貢し、中華から冊封(官爵・印章)を受けることで、文明の末端に位置づけられるという構造です。冊封を受けた地域は、正月朝賀の席に方物を献上し、中国皇帝の定めた元号と暦を使うことを義務づけられます。王朝が交代することは天命が革《あらた》まる意味となり、新しい天子は暦を改めるので、朝貢に対する返礼には必ず暦が入っていました。このことを、「正朔《せいさく》を奉ずる」と言います。正朔は正月朔日、すなわち一月一日、暦の意味です。ですから、天子(帝王)の庇護下に入ることを意味し、冊封を受ける国は勝手に暦をつくってはいけない決まりになっていました。

当然のことながら、日本も、中国諸王朝の冊封を受けることから出発しました。そして中華の「支配」と文明を受容しつつ、他とは区別される「国民」を形成し「独立」を獲得することを「国家」目標としていきます。

朝鮮半島の諸勢力も、全く同じような状況から出発して同じ目標を模索しました。

それだけに、両者の間には、連携や交流が生まれる一方で抗争や軋轢も生じるという、複雑にからまりあう関係が生まれていきました。その関係は、今日もなお持続していると言ってもよいほどです。だから、恩師・上田正昭（一九二七～二〇一六）が提起された民際《みんさい》(2)、すなわち民と民との人的交流がますます大切になりますが、そうした現代的課題を考えるためにも、朝鮮半島における国家形成の動きと対比しつつ、日本列島における国家形成を見ていく必要があります。

倭から日本へ——国号公認は一大事

日本という国家は、いつ誕生したのでしょうか。

ここには二つの問題が混在しています。日本列島に国家が成立したのはいつかという問題と、「日本」という国号が定められたのはいつかという問題です。

二つの誕生日はほぼ同日なのか、それとも大きく隔たっているのか。その理由は何なのか、このことも大きな問題です。

「日本」という国号は、いつ頃成立し、いつ国際的承認を得たのか、このことからまず検討していきましょう。冊封体制下の東アジア世界では、中華（中国諸王朝）が被冊封国の国号（変更）を認めるかどうかは、とても大きな問題でした。

被冊封国に止まるか、それとも独立を許された「蕃客（朝貢・正朔不要の通商国）」となるか、の分かれ目となる場合もありました。

日本列島に展開した政治社会は当初、「倭」と呼ばれました。邪馬台国の女王・卑弥呼が登場する中国史書は『三国志』魏書東夷伝倭人の条（『魏志』倭人伝）でした(3)。

中国史書の倭（国）伝が日本伝に変わるのは『旧唐書《くとうじょ》』（九四五年成立）・『新唐書《しんとうじょ》』（一〇六〇年成立）からです。正確に言うと『旧唐書』は倭国伝と日本伝とを併記しています。貞観二十二（六四八）年の記事までを倭国伝に、長安三（七〇三）年以降を日本伝に載せています。付け加えれば、『旧唐書』劉仁軌伝は竜朔三（六六三）年の「白江の戦い」（白江が黄海に流れ込む海辺を白村江と呼ぶ）の記述に「倭兵」「倭衆」の語を用いています。

このことから、倭国から日本への国号改称が六四八年あるいは六六三年以降であり、七〇三年以前であることが示唆されます。

しかし、先の両書を読むと、国号を日本と改めたことを唐（厳密には武則天の治世下で王朝名は周）に伝えたのは、大宝二（七〇二）年（唐の長安二年）派遣の遣唐使でした。武則天による正式承認は翌年の長安三年（日本の大宝三年）のことです。

このときの様子、つまり国号変更についての唐政府と遣唐執節使《しっせつし》（大使）・粟田朝臣真人《あはたのあそみまひと》とのやりとりと評価が、日本側（『続日本紀《しょくにほんぎ》』）と唐側（『旧唐書』『新唐書』）の両者に記されています。『続日本紀』から見ていきましょう。慶雲《きょううん》元（七〇四）年の帰朝報告です。

秋七月甲申朔《きのえさるのついたち》（＝秋七月一日）、正四位下《しょうしいげ》粟田朝臣真人、唐国より至る（大宰府に帰る）。初め唐に至る（着いた）時、人有りて来り問ひて曰《いは》く。何《いず》れの処の使人ぞ（「どこからの使人か」）。答えて曰く。日本国の使と（「日本国の使者である」と）。我が使、反りて（逆に）問ひて曰く。此れは是、何れの州の界ぞ（「ここは何州の管内か」）。答えて曰く。是、大周楚州塩城県の界なりと（「ここは大周の楚州塩城県の地である」）。更に問ふ。是より先、大唐、今、大周と称す。国号何に縁《よ》りてか、改称する（「以前は大唐だったのに、いまは大周という国にどうしてなったのか」）。答えて曰く。永淳二（六八三）年、天皇大帝（高宗）崩ず。皇太后（則天武后）位に登りて、称を聖神皇帝と号し、国を大周と号すと。問答略了《おは》って、唐人、我が使に謂《い》ひて曰く、承り聞く。海東に大倭国有り。之を君子国と謂ふ。人民豊楽にして礼儀敦《あつ》く行はると。今使人を看るに儀容大《はなは》だ浄し。豈《あ》に信ぜざらんや（「しばしば聞いたことだが、海の東に大倭国があり、徳を積んだ王が治める国で、人民も豊かで楽しんでおり、礼儀に厚い。いま、使者を見ると、身じまいもたいへん清らかで、聞いていた通りである」）。語畢《おは》って去る（言い終わって唐人去る）。

日本は、中華における王朝交代（国号改称）を熟知し、それを利用して、自らの国号改称を承認させた感があります。

「礼儀の国」つまり中華文明を十分に吸収・体現している国であることを中国に感得させ、「独立国家・日本」を認めさせたと読むことができます。

中華世界は、文明吸収の軽重によって序列が付けられます。情報力・文明力・外交力によって独立を勝ち取ったと言えます。

日本側だけの思い込みでなかったことは、『旧唐書』日本伝の次の記載に明らかです。

長安三（七〇三）年、その大臣の朝臣真人、来りて方物を貢ぐ。朝臣真人は、猶《な》お中国の戸部《こぶ》尚書《しょうしょ》（＝唐の財務長官）のごときなり。進徳冠を冠《かむ》り、その頂《いただき》を花と為《な》し、分かれて四散す（唐の進徳冠に似た冠をかぶり、その頂きは花のように四方に垂れている）。身に紫袍《しほう》を服し、帛《はく》を以《もち》て腰帯と為す（紫の衣を身に着け、白絹を腰帯にしている）。真人は経史《けいし》を読むことを好み、文を属《つら》ねるを解し、容止は温雅なり（学問を好み、文章を書くことに長け、立ち振る舞いは上品でみやびである）。（武）則天、之を麟徳殿に宴《えん》し、司膳卿《しぜんけい》を授け、放《はな》ちて本国に還《かえ》らしむ（則天武后は麟徳殿へ彼を招いて宴を催し、司膳卿の官を授け、留め置くことなく本国に帰還させた）。

『新唐書』もほぼ同一の文章を載せていますが、さらに驚くべきことを書いています。

長安元年、その王文武《もんむ》立ち、改元して太宝と曰ふ。朝臣真人粟田を遣して方物を貢がしむ。…
文武死して、子の阿用立つ。死して、子の聖武立ち、改元して白亀と曰ふ。

天皇の系譜や元号には誤りがありますが（文武天皇即位、元号はその五年に大宝に→その母、元明天皇即位、元号は慶雲に改元し後に和銅に→その娘、元正天皇即位、元号は霊亀に改元し後に養老に→文武の息子、聖武天皇即位、元号は神亀に改元し後に天平に）、日本独自の改元、つまり元号制定を唐王朝が認めたことが重要です。

これは大変なことです。冊封の基本的義務である「正朔を奉ずる」（唐の元号と暦を使う）ことを免除したということだからです。日本は被冊封国ではなくなりました。完全な独立認可です。

しかし唐は、日本と倭国との関係の整理がつかず、困惑したようです。

『旧唐書』日本伝が、「日本国は倭国の別種也。（中略）或いは云ふ。日本は旧小国。倭国の地を併《あは》せたり」と記すのに対し、『新唐書』日本伝は、「或いは云ふ。日本は乃《すなはち》小国にして、倭の并《あは》す所と為る。故に其の号を冒す」と記しています。相反する解釈です。

このことが、日本と倭国との関係に不毛な想像を差し挟ませることにもなりましたが、要は、革命なしに国号が変わるはずはないとする中国史官の思い込みにすぎません。

むしろ、ここで重要なのは、両書ともに、国号改称の理由を、「其の国、日の辺に在るを以て、故に日本を以て名と為す。或いは曰く。倭国自ら其の名の雅ならざるを悪《にく》み、改めて日本と為す」（『旧唐書』日本伝）、「咸亨《かんこう》元（六七〇）年、使を遣して（唐が）高（句）麗を平げしことを賀す。後《のち》、稍《やや》夏音（中国語）を習ひ、倭の名を悪みて更《あらた》めて日本と号す。使者自ら言ふ。国、日の出ずる所に近ければ、以て名と為す」（『新唐書』日本伝）と記している点です。

倭国では雅でないので国号を変えることとした、中華世界の極東、日の昇る所に位置するから日本としたと主張し認められた点です。

「日本国」命名の年号を絞る

日本が「日本国」を名乗るのは、いつまでさかのぼれるのでしょうか。

『旧唐書』劉仁軌伝を参照すれば六六三年以降ですが、『新唐書』が国号変更の理由を記す文の前に「咸亨元（六七〇）年、使を遣して高麗を平げしことを賀す。後《のち》、稍《やや》夏音を習ひ」と書いていることを考えると、六七〇年から少しの時を経て、「日本」は選ばれたとみられます。

しかし、六七〇年の遣唐使に続く次の遣唐使の派遣が、日本国号を公認させた七〇二年ですから、中国史書による限り、これ以上の絞り込みはできません。

日本史書のなかに答えを探ることとしましょう。まず確実な日本国号の登場は、大宝元（七〇一）年成立の「大宝令公式令《くしきりょう》　詔書式《しょうしょしき》」の記載です。隣国（唐）と蕃国《ばんこく》（新羅《しらぎ・シルラ》・渤海《ぼっかい・パレ》）に大事を伝える詔書に、「明神御宇《あきつかみとあめのしたしろす》日本天皇詔旨《やまとのすめらがおほみこと》」を用いるとされました。

一方、その名も「日本」を書名とする『日本書紀』（七二〇年成立）を見ると、国号に関しては、ほぼ画一的に「日本国」を用いていますが、天武天皇三（六七四）年三月の条に、対馬での銀の出土を「凡そ銀《しろがね》の倭国に有ることは初めてこの時に出《み》えたり（そもそも銀が倭国で産出したのは、このときが初めて）」と記しています。国土を「倭国」と称した唯一の例です。六七四年の時点ではなお、「倭国」が自他ともに認める国号だったと推定されます。

人名では、日本武尊《やまとたけるのみこと》（日本童男《やまとおぐな》とも）と何人かの天皇の国風諡号の要素に見られますが、当該の部分を『古事記』は「倭」で表していますので、「日本」使用の証拠とは言えません。現に『続日本紀』は、大宝二（七〇二）年八月の段階で「倭武命の墓、震《ふ》る。使を遣して之を祭らしむ（倭武命の墓に落雷があったので、使いを遣わして鎮祭した）」と記しています。

他方、確実に「日本」を諡号にもつ天皇は日本根子《やまとねこ》天津《あまつ》御代《みしろ》豊国成姫《とよくになりひめ》天皇《すめらみこと》（元明天皇。七〇四年即位・七一五年譲位・七二一年崩御）と日本根子《やまとねこ》高瑞浄足姫《たかみづきよたらしひめ》天皇《すめらみこと》（元正天皇。七一五年即位・七二四年譲位・七四八年崩御）です。いずれも大宝令以降のことです。

また、『日本書紀』に引用された書物には「日本」の名前を負うものがいくつかありますが、「日本」使用の始まりが『日本書紀』以前であることを示すに止まっています。

一方、七〇一年までの『続日本紀』の記載に、国号「日本」を表すものは見られません。『古事記』では、「日本」は使われていません。

気がかりなのは『三国史記』新羅本紀の記載です。孝昭王七（六九八）年三月の条に「日本国使至る。王、崇礼殿に引見す」とあります。『三国史記』新羅本紀における「日本」用例の初出例だけに、七〇一年以前に新羅に対して日本国号が使われた可能性があります。

したがって、なお微妙な問題が残りますが、日本国号の採用は、七〇一年の大宝律令による法治国家確立の一環と見るのが妥当と考えられます。

『新唐書』が大宝改元を認めていることが、ますます重要になってきます。

「大化」「白雉《はくち》」「朱鳥《あかみとり》」などの「元号」が一時的に使われた可能性はあるものの持続しませんでした。今のところ、木簡や金石文などでの確実な使用例は確認できていません。(4) 他方、「大宝」以来、「元号」は途切れることなく今日まで続いています。金石文などでの使用例は、枚挙に暇ありません。それを唐（周）王朝が認めたことが、さらに重要です。

『日本書紀』が、大宝改元を目前とした持統天皇十一（六九七）年「八月乙丑朔《きのとうしのついたち》、天皇《すめらみこと》、策《みはかりこと》を禁中《おほうち》に定めて、皇太子《ひつぎのみこ》（＝文武天皇）に禅天皇位《くにさ》りたまふ。」で筆を止めていることは、何とも象徴的です。

持統天皇は天武天皇の皇后でした。天武が崩御した六八六年から数年、皇后の地位のまま政務を担いますが、頼みにしていた息子の草壁皇子が六八九年に亡くなってしまい、六九〇年に自ら天皇となります。七年後、天皇の座を譲る文武天皇は、草壁皇子の忘れ形見です。

中国史書が前王朝のことを書いたのに対し、『日本書紀』は、「日本」という、生まれ出づる国の名をもって、そこに至る前史を書いた書物と見るのが正しい見方と考えられます。

これだけすべてがそろったとすれば、まさに日本という国家は、大宝元（七〇一）年、国号・元号・律令・前史を描く史書のセットで生み出されたと言えるでしょう。

このとき、持統天皇は天皇の座をしりぞき太上天皇《だいじょう》として存在していました。日本の律令では太上天皇は天皇と完全に同格とされていますから、彼女は総仕上げとして粟田朝臣真人を唐（周）王朝に送り出したのです。しかし彼女は七〇二年、日本国号公認、独立認可の朗報を聴くことなく崩御します。

後日談ですが、中国の古都・西安で二〇〇四年に発見された、唐代の日本人留学生または官吏で、開元二十二（七三四）年正月西安の長安城内の官舎で没した井真成の墓誌には「国は日本と号し」と記されていました。これは中国で発見された日本人の最古の墓誌です。唐では七〇三年以降、日本という国名が定着した様子がうかがえます。

「日本」命名に先行した「天皇」という称号

そこで検討したいのは、「日本」命名と「天皇」称号との関係です。

大宝元（七〇一）年、元号・律令と一体となって国号が定められ、「日本」という国家が成立したとすれば、国家元首の称号「天皇」はいつ定まったのでしょうか。それは「日本」国家の成立とどのように関わるのでしょうか。これは、大きな課題と言えます。

そもそも「天皇」は、それ以前は何と呼ばれたのでしょうか。あるいは、どのようなことばに「天皇」という漢字は当てられたのでしょうか。

『日本書紀』『続日本紀』では、崩御後の諡《おくりな》に見られる「天皇」にはすべて「すめらみこと」と仮名が振られています。宣命ではすべて「すめら」の振り仮名です。

天皇は、「すめら（みこと）」に当てられた漢字表現と見られます。

律令の注釈書『令集解《りょうのしゅうげ》』も、儀制令《ぎせいりょう》天子の条で、天皇の「書記（＝文字表現）」は場合に応じて変わるけれども、文字に依らなければ「皇御孫命《すめみまのみこと》及び須明楽美御徳之類」と記しています。唐からの国書にも「勅日本国王主明楽美御徳。彼礼儀之国[5]」とありました。

「主明楽美御徳」「須明楽美御徳」は明らかに「すめらみこと」の音訳です。

『万葉集』では、「天皇」は「すめろき」あるいは「おほきみ」の漢字表現として使われています。國學院大學デジタルミュージアム（http://k-amc.kokugakuin.ac.jp/DM/）万葉集神事語辞典によれば、『万葉集』歌中の「天皇」用例は一二例しかありませんが、「すめろき」の読みが五例で過去の天皇を指し、「おほきみ」の読みが七例で現在の天皇を指すとしています。大変重要な指摘です。

「天皇」という表現の確立を検証するには、「すめら（みこと）」「すめろき」と「おほきみ」、あるいは「天皇」と「大王」が、多くの史料の上で、いつから、どのように使い分けられているかを見ていく必要があります。

『万葉集』では、歌本体に「天皇《すめろき》」が見える最初は巻二の一六七番[6]の歌「日並皇子尊殯宮之時《ひなみしのみこのみことのあらきのみや》柿本人麻呂作歌一首并短謌」です。

日並皇子尊とは、六八九年四月十三日、即位できずに亡くなった草壁皇子のことです。殯宮《あらきのみや＝もがりのみや》とありますから、亡くなって時間の経たない時の作歌です。即位できなかった日並皇子尊（草壁皇子）を歌うには「王《おほきみ》」の文字を当てています。六八九年頃には、過去の天皇への「天皇《すめろき》」用例は固定し、「（大）王」との違いが明確になってきていたと見られます。

そこで史料に当たり直してみると、『古事記』には「天皇」用例が頻出していますが、[7]「日本」も「大王」もありません。

『日本書紀』は、「天皇」例があまた見える一方で、「大王」は一九例しか見られません。しかも、その内実は非常にはっきりしています。即位が想定される有力者を指す表現（一四例）と百済史料・高句麗史料での使用（五例）です。

百済史料は六世紀半ばの百済王を、高句麗史料は七世紀半ばの高句麗王を「大王」と記しています。「天皇」号が定まるまで、倭国王も「大王」と称されていたことはまず間違いありません。

そこで注目したい金石文と木簡があります。①辛亥年銘埼玉稲荷山《さきたまいなりやま》古墳出土鉄剣銘文と江田船《えだふな》山《やま》古墳出土鉄刀銘文、②丁卯年銘法隆寺金堂薬師如来像光背銘、③飛鳥池《あすかいけ》工房遺跡出土木簡です。

①　辛亥年銘埼玉稲荷山古墳出土鉄剣銘文と江田船山古墳出土鉄刀銘文

埼玉県行田《ぎょうだ》市の埼玉稲荷山古墳出土鉄剣（国宝）には、金象嵌で、「辛亥年」という年紀と「獲加多支鹵**大王**寺在斯鬼宮時吾左**治天下**」という文字が刻まれていました。「辛亥年」は四七一年と見られています。

熊本県和水《なごみ》市の江田船山古墳出土鉄刀（国宝）は、稲荷山鉄剣銘の発見から再検証が行われ、「**台**(治)**天下**獲□□□鹵**大王世**」の文字が確認されました。年紀は刻まれていませんが、稲荷山鉄剣と同時代と見られます。

二つの銘文から、五世紀後半には「治天下（王名）大王」という文言が成立していたことが分かります。この時代、倭国は中華冊封体制のもとにありました。宋の昇明二（四七八）年、倭王武は上表して、「使持節都督倭新羅任那加羅秦韓慕韓六国諸軍事安東大将軍倭国王」に叙されています。中華大天下の元での倭国小天下を治める大王と意識していたと考えられます。

② 丁卯年銘法隆寺金堂薬師如来像光背銘

丁卯年銘法隆寺金堂薬師如来像（国宝）の光背銘は「**治天下天皇**」という表現が見られる金石文です。次のように読めます。

池邊大宮《いけべのおほみやに》 治天下天皇《あめのしたしろしめししすめらみこと》大御身《おほみみ》労賜時《いたつきまししとき》 歳次丙午《ほしはやどるひのえうま》 大王天皇《おほきみすめらみこと》与《と》太子《ひつぎのみこ》を召而《めして》
我大御病《わがおほみやまひ》太平《たいらけく》欲坐《ほっします》と誓願賜《こひちかひたま》ふ 故《かれ》、将造寺薬師《てらをつくりやくし》像作仕奉《ぞうをつくりつかへまつらむ》と詔《みことのる》 然《しかるに》 当時崩賜《まさにほうぜられたまひて》
造不堪者《つくることたえずば》 小治田大宮《をはりだのおほみやに》治天下大王天皇《あめのしたしろしめししおほきみすめらみこと》及《と》東宮聖王《はるのみやのひじりのみこ》大命受賜而《おほみことうけたまはりて》 歳次《ほしはやどる》
丁卯年《ひのとうのとしに》 仕奉《つかえまつる》

「小治田大宮治天下**大王天皇**」は推古天皇を指すと思われます。そのことから「丁卯年」は六〇七年と解されます。しかし、「池邊」「小治田」に見られるように、一つ一つの漢字を訓読みした後で組み合わせる表記方法が採られています。漢文構文をとりながら、全体としては和文構文です。六〇七年に刻まれたとは考えられません。一世紀近く後の後刻でしょう。

注目したいのは「小治田大宮治天下**大王天皇**」という書き方です。「大王」と「天皇」が並列して書かれています。二度も書かれているように、明らかに意識的な撰文です。

推古天皇は「池邊大宮治天下天皇（用明天皇）」の同母妹です。後に即位しますが、用明天皇が「大御病」に伏せて造寺造仏を発願した丙午（五八六）年では、有力な後継候補にすぎませんでした。二十一年後に造仏を成就した時は、今上天皇でした。

「大王天皇」という表現は誤りでも混乱でもありません。『万葉集』における「おほきみ」と「すめろき」の書き分け同様、「大王《おおきみ》」は即位候補あるいは今上天皇、「天皇《すめら(みこと)》」は崩御した天皇という意識の元での表現と見られます。そうした整理ができた時が「天皇」号成立の時と考えられます。

逆に言うと、「大王天皇」と正しく書くことによって、内容は、推古天皇が有力な王位継承者ないし今上天皇の時のことだが、実際に刻まれたのは崩御後つまり後刻であることを自ら証してしまったと言えます。

③　飛鳥池工房遺跡出土木簡「天皇聚□露弘寅□」

飛鳥池工房遺跡（奈良県高市郡明日香村）出土木簡「天皇聚□露弘寅□」は現存最古の「天皇」資料です。この木簡には年次記載はありませんが、同時発見の木簡に六七七年と見られる「丁丑年」が記されていました。「天皇」初出木簡も天武朝のものと見られます。

「天皇」称号の思想——天武朝という時代

飛鳥池工房遺跡出土の「天皇聚□露弘寅□」の年代観は、『万葉集』の「天皇《すめろき》」用例の表われ方と比べて違和感のない年次です。

しかも天武朝は、「天皇」という存在を考える上で興味深い時代です。

特に注目したいのは、天武天皇の国風諡号「**天渟中原瀛真人天皇**《あめのぬなかはらおきのまひとすめらみこと》」と、『日本書紀』天武天皇十三（六八四）年十月乙卯朔の条に記された「**八色之姓**《やくさのかばね》」の制定です。

国風諡号から見ていきましょう。天武天皇を挟む前後四人ずつの国風諡号は次の通りです（斉明天皇は皇極天皇の重祚《ちょうそ》なので一人として記載。国風諡号も一つ）。

息長足《おきながたらし》日《ひ》広額《ひろぬか》天皇《すめらみこと》（舒明天皇）
天豊財《あめとよたから》重《いかし》日《ひ》足姫《たらしひめ》天皇（皇極＝斉明天皇）
天万豊《あめよろづとよ》日《ひ》天皇（孝徳天皇）
天命開別《あめみことひらかすわけ》天皇（天智天皇）
天渟中原瀛真人《あめのぬなかはらおきのまひと》天皇（天武天皇）
高天原《たかまのはら》広野《ひろの》姫《ひめ》天皇（持統天皇、『続日本紀』には大倭根子《おほやまとねこ》天之《あまの》広野《ひろの》日女尊《ひめのみこと》とも）
天之《あめの》真宗《まむね》豊祖父《とよおほぢ》天皇（文武天皇、倭根子《やまとねこ》豊祖父《とよおほぢ》天皇とも）
日本根子《やまとねこ》天津《あまつ》御代《みしろ》豊国成姫《とよくになりひめ》天皇（元明天皇）

日本《やまと》根子《ねこ》高瑞浄足姫《たかみづきよたらしひめ》天皇（元正天皇）

天智天皇の国風諡号・天命開別天皇と天武天皇の国風諡号・天渟中原瀛真人天皇の特異性が目立ちます。他の天皇が「足《たらし》・日《ひ》・広《ひろ》・豊《とよ》」を共有し、持統天皇以降「倭《やまと》（日本）根子《ねこ》」を不可欠の要素とするのに対し、天智・天武、両天皇の国風諡号で他と共通するのは「天」だけです。

天智天皇の国風諡号・天命開別天皇は、天命が降りて日本国家成立の最後の一歩が開かれたことを意味するとみられますが、天武天皇の国風諡号・天渟中原瀛真人天皇の要点は、「瀛《おき》」と「真人《まひと》天皇《すめらみこと》」にあります。

「瀛」という漢字、初めて見たという方もあるでしょうが、中国で長く神仙の住む所とされてきた島の名です。司馬遷（～紀元前八六年）は、『史記』の秦始皇本紀と封禅書《ほうぜんしょ》で次のように記しています。

> 海中に三神山あり。名づけて蓬莱《ほうらい》・方丈《ほうじょう》・瀛洲《えいしゅう》と曰う。僊人（仙人）居す。（巻六・秦始皇本紀）
>
> （斉の）威（王）・宣（王）、燕の昭（王）より、人をして海に入り蓬莱・方丈・瀛洲を求めしむ。この三神山、其れ勃海《渤海》中に在りと伝ふ。…諸の僊人及び不死の薬、皆在《あ》る。（巻二十八・封禅書）

ここにいう勃海は、中国東方海上を指します。秦・漢代の首都は咸陽や長安（陝西省）などの中国西方内陸部でした。東方海上は異世界でした。そこには僊人（仙人）が住み不死の薬があると信じられていました。秦の始皇帝が方士・徐市《じょふつ》（徐福《じょふく》）の言を信じ、三神山を目指して男女数千人の童を渡海させた話は、『史記』秦始皇本紀に載るほどのことでした。

天渟中原瀛真人とは海上（渟《ぬ》中原《なかはら》）瀛洲（瀛《おき》）に住む僊人（真人《まひと》）という意味です。明らかに前後の天皇たちの諡号とは意味合いが違います。

諡号ではありますが、天武天皇自身の自己主張だったと考えられます。

「真人」と「天皇」の関係を考えると、視点はいっそう鮮明になります。

当然のことながら、「真人」も「天皇」も中国起源の文言です。しかも、それは中国の宗教思想の根源と関わる文言です。中国思想史・道教研究の泰斗・福永光司《ふくながみつじ》（一九一八〜二〇〇一）に生前直接お聞きしたことですが、[8]「**真人**《しんじん》」は『荘子《そうじ》』内篇大宗師に最高の人格として描かれたことに始まり、最上の神仙、**天の世界の高級官僚**を指す言葉として定着します。

古代中国の思想、特に道教神学では、世界は天上・地上・地下の三層からなります。三層は相似た構造を示すと考えられていました。地上に宮廷があるなら天上にも神々の宮廷があります。そこの高級官僚が真人でした。

天の宮廷の主はだれかと言えば、まさに「**天皇**《てんこう》」、正確には「**天皇大帝**《てんこうたいてい》」でした。

天皇大帝は北極星の神格化に始まり、やがて、元始天尊《げんしてんそん》と呼ばれる神に宮廷の主の地位を譲って、**東方を治める最高神格**となります。

日本列島が中国東方海上に位置することを考えれば、「天渟中原瀛真人天皇」はぴったりの表現です。道教神学を踏まえて、天武天皇は「天皇」を君主の称号に選んだと考えられます。

そのことをいっそう明確にしてくれるのが八色之姓《やくさのかばね》です。『日本書紀』天武天皇十三（六八四）年冬十月己卯朔《つちのとうのついたち》の条は次のように記しています。


更《また》、諸氏《もろもろのうぢ》の族姓《かばね》を改めて八色之姓を作り天下《あめのした》の万姓《よろづのかばね》を混《まろか》す。一つに曰《いは》く真人《まひと》、二つに曰く朝臣《あそみ》、三つに曰く宿禰《すくね》、四つに曰く忌寸《いみき》、五つに曰く道師《みちのし》、六つに曰く臣《おみ》、七つに曰く連《むらじ》、八つに曰く稲置《いなき》。


同日に真人《まひと》姓が一三の氏《うぢ》に、翌月の朔に朝臣《あそみ》姓が五二の氏に、翌々月の朔に宿禰《すくね》姓が五〇の氏に与えられます。身分秩序の最上位に真人が位置づけられたわけですが、八つの身分は四つの組（①真人《まひと》―道師《みちのし》、②朝臣《あそみ》―臣《おみ》、③宿禰《すくね》―連《むらじ》、④忌寸《いみき》―稲置《いなき》(9)）から成り立っています。

最高の身分・真人が与えられた氏族は一三あります。旧姓はすべて公《きみ》でした。系譜不明の二氏を除き、誉田《ほむた》天皇（応神天皇）・男大迹《をほど》天皇（継体天皇）・武小広国押盾《たけをひろくにおしたて》天皇（宣化天皇）・渟中倉《ぬなかくら》太珠敷《ふとたましき》天皇（敏達天皇）・橘豊日《たちばなのとよひ》天皇（用明天皇）の皇子を始祖とします。当代王室から比較的近い血統の旧王族です。

そうした人々を、天武王室を神学的に支える最上級貴族に位置づけたのが真人賜姓でした。そのことは、道師という、賜姓の実態のない、いかにも道教修行者という姓と対であることからも推測されます。

朝臣の姓を与えられた五二氏のうち、三九氏の旧姓は臣でした。一一氏が旧君《きみ》姓氏族で、残り二氏が連姓ながら後に公卿《くぎょう》＝上級貴族となる物部連《もののべのむらじ》と中臣連《なかとみのむらじ》です。

宿禰となった五〇氏の旧姓はすべて連です。

ここまでが原則、貴族になりうる氏族です。

忌寸は遅れて十四（六八五）年六月、一一の氏に与えられます。直《あたひ》・造《みやつこ》・首《おびと》→連《むらじ》→忌寸という道筋を通った渡来系を中心とする中小氏族です。貴族というよりも官人層に与えられた姓です。彼らの中から貴族になった人々には、個々別々に高位の姓が与えられます。

その間、天武天皇十四年正月、新しい爵位《かうぶりくらゐ（しゃくい）》が王族と貴族（諸臣）に分けて定められました。

王族爵位は、明《みょう》階四階・浄階一二階です。後の品位《ほんい》と正確には合いませんが、明階は一品〜三品、浄階は四品と四位・五位に当たります。

早速同日、皇太子の草壁皇子に第六位の浄広壱（四品相当）、大津皇子に浄大弐（従四位上相当）、高市《たけち》皇子に浄広弐（従四位下相当）が与えられました。

貴族（諸臣）は、正《しょう》・直《じき》・勤《ごん》・務・追・進各八階、計四八階に分かれました。正階は後の一位から三位《さんみ》、直位は四位・五位、勤位は六位、務位は七位、追位は八位、進位は初位《そい》に相当します。

正位が上級貴族、直位が中・下級貴族です。勤位以下は有位者として一般公民からは区別される存在となります。

道教神学を基底にもつ「天皇」という漢語が「すめらみこと」の表現として導入され、[10]「天下百姓」と区別される王族・貴族・官人の身分が「八色之姓」によって固定されたことで、列島社会は、王族を核とする貴族制国家となる基盤が確立されました。

治天下大王から御宇日本根子天皇へ

天武朝が天皇号と八色之姓をもって貴族制国家の基盤を形成したことを受けて、国家の要件を整えることが次代の課題となりました。

「治天下大王」から「明神（現神）御宇日本（倭）根子天皇」への変更は、象徴的な変化でした。その過程を振り返ってみましょう。

「**治天下大王**」という用例は、五世紀後半と見られる埼玉《さきたま》稲荷山古墳出土鉄剣銘文および江田船山古墳出土鉄刀銘文からの解釈です。「治天下大王」ずばりの表現は他にも見つかりませんが、七世紀後半の金石文には「**治天下天皇**」という表現が集中して見られます。『日本書紀』にも「治天下天皇」という表現が二例あります。

まずは「治天下」用例の傾向を史書と金石文のなかに検証していきましょう。

『日本書紀』の「天下」用例は一五〇以上あります。しかし、「治天下」は一二例だけです。それも多くは「天下《あめのした》を治《をさ》める」という一般用例です。

「某宮治天下《あめのしたしらしめしし》（天皇）」という用例が三つ見られます。うちの二例が持統天皇三（六八九）年四月の条に集中しています。天武天皇喪礼への新羅弔使の格の低さに憤った持統天皇が、過去の天皇への弔使の例をあげたなかで「難波宮治天下天皇」「近江宮治天下天皇」と語っています。難波宮治天下天皇は孝徳天皇、近江宮治天下天皇は天智天皇ですから、いずれも過去の天皇です。残る一例は弘計《をけ》天皇（顕宗《けんぞう》天皇）即位前紀です。弘計天皇が「市辺宮《いちのへのみやに》治天下《あめのしたしらしめし》天万国万《あめよろづくによろづ》押磐尊《おしはのみこと》の後裔」と名乗る場面です。市辺宮治天下天万国万押磐尊とは市辺押磐皇子《いちのへのおしはのみこ》のことです。伝承上も即位していませんから、顕宗天皇即位の正統性を主張する表現です。

『日本書紀』では「某宮治天下天皇」は過去の天皇（ないし準ずる存在）を示すときにしか使われていないということです。

『古事記』では「天下」用例七五の半数近くが「坐某宮治天下」です。最初の神武天皇から最後の推古天皇まで一貫しています。六世紀後葉の敏達天皇以降は、「治天下」に続けて治世年数を書いています。ただし、「治天下」の次に「天皇」が来る例は一つもありません。

『続日本紀』では、「天下」用例自体は四〇〇近くもあるものの、「治天下」は一例だけです。それも都が長岡京に移った後の延暦四（七八五）年六月十日の条の記載です。坂上大忌寸苅田《さかのうえのおほいみきかりた》麻呂《まろ》（田村麻呂の父）らが同族の姓を忌寸から一段上の宿禰に改めてほしいと願い出た奏上文の中です。「東国（ここでは日本を指します）に聖主あり」と聞いて「誉田天皇《ほむたのすめらみこと》治天下《あめのしたしらしめし》之御代」に「帰化来朝」したと述べています。

『続日本紀』には、「治天下」が今上ないし直近の天皇に対して使われた例は一つもないということです。

「治天下天皇」という用例はどこにいったのでしょうか。金石文は、史書類と異なる様相を見せてくれます。列挙してみましょう。

① **船王後《ふねのおうご》墓誌**（三井記念美術館〈東京都〉蔵、国宝）
「乎娑陁宮《をさだのみや》（敏達）治天下天皇」「等由羅宮《とゆらのみや》（推古）治天下天皇」「阿須迦宮《あすかのみや》（舒明）治天下天皇」と見えます。戊辰（六六八）年の船王後埋葬に伴う墓誌ですが、官位等から天武朝末年の後刻と見られています。

② **丁卯年銘法隆寺金堂薬師如来像光背銘**（奈良県生駒郡斑鳩町法隆寺、国宝）
「池邊大宮《いけべのおおみや》（用明）治天下天皇」「小治田大宮《おはりだのおおみや》（推古）治天下大王天皇」と見えます。丁卯（六〇七）年の作と書いていますが、①同様、天武朝以降の後刻と見られています。

③ **金銅小野毛人《おののえみし》墓誌**（崇道神社〈京都市〉蔵・京都国立博物館寄託、国宝）
「飛鳥浄御原宮《あすかきよみはらのみや》（天武）治天下天皇」と見えます。丁丑（六七七）年の小野毛人埋葬時の墓誌ですが、「飛鳥浄御原宮」の表現から、飛鳥浄御原宮が名づけられた朱鳥《あかみとり》元（六八六）年七月以降の後刻と見られています。

このように、①〜③の金石文は後刻と見られています。「某宮治天下天皇」とあるものの実時間での使用例ではありません。

④　**長谷寺銅板法華説相図**（奈良県桜井市、国宝）

「歳次降婁漆菟上旬、道明率引捌拾許人、奉為飛鳥清御原大宮治天下天皇敬造」と刻まれています。「降婁」は「戌」、「菟」は「月」の異名です。

⑤　**奈良粟原寺《おおばらでら》三重塔伏鉢《ふせばち》**（談山《たんざん》神社〈奈良県桜井市〉蔵・奈良国立博物館寄託、国宝）

和銅八（七一五）年の年紀を持ち、「大倭国浄美原宮治天下天皇」と「日並御宇東宮」を刻んでいます。「日並《ひなみし》御宇東宮」は草壁皇子を指します。

④に記される「歳次降婁漆菟《ほしはやどる戌(いぬ)年七月》上旬」は、いつのことでしょうか。

天武天皇は、十五（六八六）年五月、病に倒れました。七月、天武天皇の生命力の復帰を祈って「朱鳥《あかみとり》」に改元します。朱鳥にちなんで宮を「飛鳥浄御原宮《あすかきよみはらのみや》」と名づけました。「是月、諸王臣《もろもろのおほきみまへつきみ》たち、天皇《すめらみこと》の為《おほみため》に観世音像を造り、観世音経を大官大寺に説かしむ」とあります（『日本書紀』朱鳥元年七月の条）。④の内実と合致します。

干支で表せば朱鳥元（六八六）年は丙戌《ひのえいぬ》です。ようやく「某宮治天下天皇」の使用が実時間で確認することができました。

⑤では「治天下天皇」と「御宇」とが並列していることが注目されます。

「**御宇**」はいつから使われたのでしょうか。

『古事記』には「御宇」用例はありません。

『日本書紀』には一四例あります。「某宮御宇天皇」（本文五例・割注二例）も「明神御宇日本天皇詔旨」（三例）も見られます。しかし不思議なことに、すべて大化元（六四五）年の条以前です。内容からも『日本書紀』編纂時点での文飾と見られます。

『続日本紀』の「御宇」用例は四四に及びますが、注目したいのは、文武天皇即位の宣命と元明天皇即位の宣命の表現の違いです。

六九七年の文武天皇即位宣命には「現御神《あきつかみ》止《と》大八嶋国《おほやしまぐに》所知倭根子《やまとねこ》天皇命」とありました。それが七〇七年の元明天皇即位の宣命では「現神《あきつかみと》八洲《おほやしまくに》御宇倭根子天皇詔旨」となっています。「所知」[11]が「御宇」に、「命」が「詔旨」に変わっています。読みはともに「しろしめす」と「おほみこと」です。

この変化が何によっているかは明らかです。七〇一年の大宝令制定です。

「御宇」「詔旨」は公式令《くしきりょう》に見られる「明神御宇（日本）天皇詔旨」「明神御大八洲天皇詔旨」の反映です。

「御宇」は、日本国家成立に伴って採用された漢語、公式用例と見るのが合理的です。⑤が「御宇」を用いているのも、和銅八（七一五）年の作ですから当然です。

「宇」という文字の意味が重要となります。

『日本書紀』神武天皇即位前紀 己未《つちのとみ》年三月七日の条に「六合《くにのうち》を兼ねて都を開き、八紘《あめのした》を掩《おほ》ひて宇《いへ》とせむ」とあります。戦中の「八紘一宇」の根拠とされた文言ですが、八紘《あめのした》をまとめる宇《いへ》ですから、「御宇」で天下あるいは大きな空間を治めるという意味になります。

「宇宙」というように、「宇」は「宙」と一対の言葉でした。中国古典『淮南子《えなんじ》』は「往古来今謂之宙、四方上下謂之宇」と書いています。「往古来今」は時間の流れ、「四方上下」は空間の広がりです。「宇」と置換されることで「天下」は空間の意味を強めます。

公式令詔書式には「御宇《あめのしたしらす》」と「御大八洲《おほやしまくにしらす》」の二つの書式があります。「天下《あめのした》」は「大八洲《おほやしま》」と通用されて「国土」を示す文言へと展開しました。「天下百姓《あめのしたのおほみたから》」は「国民」を指す言葉となりました。

大宝令の施行とともに、統治・外交を表す「御宇」と国土・国民を表す「天下」は、対になって、国家の要件を満たす文言となりました。そのことは、『続日本紀』の四〇〇近い「天下」用例の半数近くが「(大)赦天下」「天下諸国」「天下百姓」で占められていることにも反映されています。(12)

補論1　「国民」にとっての国号は「やまと」

唐王朝で「日本」という国号が定着したように、「日本」という文言は、わが国においても当然普及したと思いがちですが、はたして、そうでしょうか。

『古事記』には「日本」は一切ありません。

『日本書紀』も、国号表記を除けば、高（句）麗の僧・道顕の『日本世記』という書物の引用四カ所を除くと、①国生み神話での本州の表現「大日本《おほやまと》豊《とよ》秋《あき》津《つ》洲《しま》」、②神武天皇の国風諡号「神《かむ》日本《やまと》磐余《いわれ》彦《ひこ》火《ほ》火《ほ》出見《でみ》天皇」をはじめとする天皇国風諡号の要素、③日本《やまと》武《たける》尊《のみこと》という人名、④百済史料に基づくと見られる、いわゆる「任那《みまなの》日本《やまとの》府《みこともち》」だけです。

『日本世記』が注の形で引用されるのは斉明天皇六（六六〇）年・七（六六一）年の条、天智天皇八（六六九）年の条です。日本という国家が誕生する前夜を描く非常に重要な書物ですが、実像はよく分かりません。いわゆる「任那日本府」の出典と見られる百済史料も同様です。

国生み神話に見られる「大日本豊秋津洲」は、『古事記』には「大倭豊秋津嶋」とあります。「倭」を「日本」に置き換えただけでしょう。天皇の国風諡号も同様です。「日本」の独自性はありません。八世紀前葉に実際に贈られた元明（日本《やまと》根《ね》子《こ》天《あま》津《つ》御代《みしろ》豊国《とよくに》成《なり》姫《ひめ》天皇）・元正（日本《やまと》根《ね》子《こ》高《たか》瑞《みづ》浄《きよ》足《たらし》姫《ひめ》天皇）、両天皇の国風諡号の要素「日本根子」からの造作です。

つまり、「日本」は「やまと」の漢字表現のひとつにすぎませんでした。

『日本書紀』自体が、国宝・卜部兼方《うらべかねかた》自筆書写本（一二八六年奥書）本文で「ヤマト（ノ）フミ」と振り仮名を振っています。

さらに慶雲四（七〇七）年六月に崩じ、『続日本紀』に「天之真宗豊祖父天皇《あまのまむねとよおほぢ》」と諡《おくりな》されている文武天皇に関して、その埋葬を慶雲四年十一月七日「倭根子豊祖父天皇を安古山陵《あこやまのみささぎ》に葬」と記し、以後の宣命《せんみょう》（和文体の詔勅）でも「現神御宇《あきつかみとあめのしたしろす》（大八洲《おほやしま》）倭根子天皇」が使われ続けました。「日本根子」に大きく変わるのは承和七（八四〇）年五月の淳和《じゅんな》太上天皇大葬の宣命からです。それでも読みは「やまと」でした。

宣命の「やまと」用例で大変興味深い例があります。神護景雲元（七六七）年八月の改元の詔です。「**日本国**《やまとのくに》爾《に》坐《おほましまし》天《て》大八洲国《おほやしまくに》照《てらし》給《たま》比《ひ》治《おさめ》給《たま》布《ふ》**倭根子**《やまとねこ》天皇《すめら》我《が》御命《おほみこと》良《ら》麻《ま》止《と》勅《のりたま》布《ふ》御命《おほみこと》乎《を》…」とあります。宣命における天皇称号の根幹的要素を「倭根子」と表現する一方で、国土を表わすには「日本」を用いているからです。

『続日本紀』全体でも、「日本」は、以上の例以外では、遣唐使の報告文と新羅使・渤海使によるわが国の呼称、遣唐留学僧だった道慈法師の卒伝（死去に伴う評伝）での使用だけです。「日本」は、対外関係と対外関係を意識した場合に使われ、その場合も、国内では「やまと」と読まれ続けていたということです。

列島社会に暮らす人々にとって、「やまと」こそが国号であって、日本は対外向けの言い方にすぎませんでした。奈良時代を考えるとき、この事実は重要です。

第二章　天《あめ》・東《あづま》・夷《ひな》――入れ子構造の「日本」

天《あめ》の一族――治天下の思想と論理

日本という国家が成立し、天下《あめのした》が国土を、天下百姓《あめのしたのおほみたから》が「国民」を指す言葉となるなかで、通常の空間を超えた存在「天《あめ》」とはいったい何を指すのでしょうか。「高天原《たかまのはら》」だと答える人が多いかもしれません。はたして、そう簡単に言いきれるのでしょうか。

「高天原」は、『古事記』には一〇カ所出てくるものの、『日本書紀』の「高天原」用例は意外なほど少数です。持統天皇の国風諡号「高天原広野姫天皇《たかまのはらひろのひめ》」以外では、神代上《かみのよのかみのまき》(1)に四例と神代下《かみのよのしものまき》に一例見えるだけです。しかも「一書」という異伝に集中しています。

注目すべきは神代上の第五段・三神誕生の第六の一書の内容です。引用してみましょう。

伊弉諾尊《いざなきのみこと》、三の子《みはしら》に勅任《ことよさ》して曰《のたま》はく、「天照大神《あまてらすおほみかみ》は、以て高天原を治《しら》すべし。月読尊《つくよみのみこと》は、以て滄海原潮八百重《あをうなはらのしほのやほへ》を治すべし。素戔嗚尊《すさのをのみこと》は、以て天下を治すべし」とのたまふ。

しかし、素戔嗚尊は天下を治めず「母の根国《ねのくに》」に行くことを求めます。それを知った伊奘諾尊は、「情《こころ》の任《まま》に行《い》ね」と素戔嗚尊を放逐したと『日本書紀』は記しています。その結果、天津彦《あまつひこ》火瓊瓊杵尊《ほのににぎのみこと》が天下に降されることになります。

注目したいのは、世界が、高天原・滄海原潮八百重・天下・根国と四つに分かれて記されていることです。しかし、月読尊の治める所は微妙です。本文などは「月神」とも記し、「その光彩《うるは》しきこと、日に亜《つ》げり。以て日に配《なら》べて治すべし」と書いているからです。日神の補完者という位置づけです。

そうなると、世界は、月神補完の高天原・天下・根国の三層構造となります。常識的な理解と思われがちですが、天武天皇が拠って立った道教の天上・地上・地下という三層構造の日本的解釈と見てよいでしょう。

「天下」は、天上に対しては「下」ですが、地下＝根国に対しては「上」です。天下＝地上となります。天下は、国土を指す言葉となり、治天下＝御宇＝御大八洲が国内統治の論理となります。

当然ながら、統治の主体である日本天皇は、外交の主体でもありました。

公式令の三つの詔書、隣国（唐）と蕃国（新羅・渤海）に対する「明神《あきつかみと》御宇日本天皇《すめらが》詔旨」及び「明神御宇天皇詔旨」と、国内向けの「明神御大八洲天皇詔旨」の関係が、きわめて論理的に組み立てられていることが理解できます。律令は、私たちが考えている以上に高度に理論化された基本法です。それを貴族・公民が共有していたことを、私たちは、理解して歴史に向き合う必要があります。

さらに深掘りすれば、「天下」は、儒学や経書の中華思想が示す同心円状の水平的論理と、緯書や道教が示す天上・天下＝地上・地下の垂直的論理を、後者を基本に組み直した日本的世界把握と言うことができます。

したがって、天下＝地上に対する天上は、どのようなものとして捉えられていたかが、本当に重要な課題となります。

解明の鍵として天皇の国風諡号が浮上してきます。国家誕生の最終段階における国風諡号は「大」を共有しているからです。

しかし、それは、天智・天武、両天皇の前後を見たからの結果です。両天皇の母と叔父は、たしかに「天」を冠していますが、それ以前で「天」を冠しているのは、両天皇の高祖父に当たる天国排開広庭《あめくにおしはらきひろには》天皇《のすめらみこと》（欽明天皇）だけです。

曽祖父母の代も祖父母の代も父・舒明天皇も「天」を冠していません。逆に両天皇以降の国風諡号は、いくつかの例外を除いて、最後に国風諡号が贈られた日本根子《やまとねこ》天爾豊聡慧《あまつみしるしとよさと》尊《のみこと》（仁明天皇）まで「天」が冠せられています。

少なくとも天豊財《あめとよたから》重日《いかしひ》足姫《たらしひめ》天皇《のすめらみこと》（皇極＝斉明天皇）以降の天皇は、自他ともに「天」の一族と認めていたと考えられます。皇極＝斉明天皇を、『日本書紀』がたびたび「皇祖母尊《すめみおやのみこと》」と

呼んでいることは、何とも象徴的です。彼女からすべてが始まるという言明が印象づけられます。(2)
皇極＝斉明天皇は系譜的には欽明天皇の玄孫《やしゃご》つまり孫の孫です。日本国家を成立させた「天」の一族の意識としては、彼女が実質的な始祖だから、皇祖母尊と称し、欽明天皇は象徴的な始祖だから天国排開広庭天皇の諡《おくりな》を贈ったのでしょう。

「天」の系譜の図を見てみましょう（図1）。「天」の一族は本来、「天渟中原瀛真人天皇」と諡《おくりな》を贈られた天武天皇の論理で言えば「天上」の世界にいる人々です。「高天原広野姫天皇」と諡を贈られた持統天皇の論理で言えば「高天原」にいる人々です。

本来「天」の世界にいるからこそ、明神《あきつかみ》（神にして人）として天下＝地上に降臨して王たりうるという王者意識です。

そこで注目したいのは『隋書』東夷伝倭国の条(3)の記載です。次のように書かれています。

（隋・文帝の）開皇二十（六〇〇）年、倭王、姓は阿毎、字は多利思北孤、號は阿輩雞彌、使を遣はし、闕《けつ＝宮城》に詣《まい》る。

「阿毎」は「あま（天）」、「多利思北孤」は「たらしひこ」、「阿輩雞彌」は「おほきみ（大王）」と見られます。「たらしひこ」は、皇極天皇とその夫、舒明天皇の国風諡号「天豊財重日足姫天皇」「息長足日広額天皇《おきながたらしひひろぬかすめらみこと》」を思い出させます。

『隋書』が描く時代は、皇極天皇の治世を半世紀もさかのぼる時ですから、すでにその段階で、王族は、「天《あめ》」の一族であることを強く意識していたと考えられます。
『隋書』は続いて記しています。

（倭国の）使者（言ふに）、倭王、天を以て兄と為し日を以て弟と為す。天未だ明けざる時に出て政を聴き跏趺《あぐら》して坐す。日出づれば便《すなは》ち理務を停《とど》め我が弟に委《ゆだ》ぬと云ふと言ふ。高祖（＝文帝）曰《いは》く「これ太《はなは》だ義理無し」。

倭国使者の語る、統治に関する天と日の話（関係説明）が、文帝には全く理解できなかったと

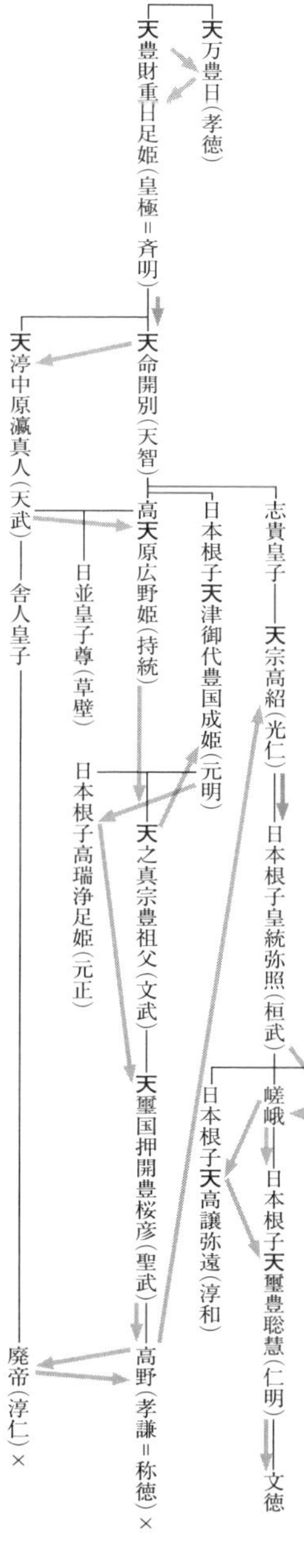

図1　「天」の系譜（⬇は即位順）

いうことです。

天を超越的な存在と捉え、天下を同心円状の水平的世界と理解していた中国皇帝と、天を王族が本来住む世界と考え、地上を「天」の一族が明神（神にして人）として降臨する天下と考える倭国王族との意識の違いです。

さらに『隋書』は、煬帝《ようだい》の大業《たいぎょう》三（六〇七）年提出の倭国王多利思比孤の有名な国書「日出づる処の天子、書を日没する処の天子に致す。恙《つつが》無きや云々」を持ち出します。そして、この書を見た煬帝は「蛮夷の書、無礼なる者有り。復《ま》た以て聞《ぶん》する勿《な》かれ」と激怒したと記します。

激怒の理由は、倭国を「日出づる処」、隋を「日没する処」と書いたことにあるのではありません。倭国王が「天子」を称した点にありました。「天子」は天下を治める王者として、天より命ぜられた中華皇帝のみに許される唯一無二の存在だからです。それを、「東夷」の王が自称して書を呈したことに、煬帝は激怒したのです。

この下りも、中華思想とは異なる次元で自らを「天の子」と考えていた倭国王族の自己意識と、中華皇帝の天子意識との齟齬を表すものと見ることができます。

「日出づる処」の表現が煬帝激怒の理由でなかったことは、一世紀の後、「日出づる処」すなわち『日辺にある」をもって「日本」とした国号改称を唐王朝がすんなりと認めていることからも分かります。

一方、公式令では、唐に対しても「明神御宇日本天皇詔旨」と告げると定めながら、「天皇」

号を用いず「主明楽美御徳」と書いた国書を出していました。(4)「天子」ないしそれに準ずる君主号を用いなかった、あるいは用いられなかったことを自ら示しています。隋との外交から学んだことでしょう。

天下百姓・天下諸国への道程

王族・貴族の「天」・「天下」意識を、列島社会に暮らし続ける住民や地域は、どう受け止めていったのでしょうか。「日本」に結実する列島社会の流れをおさらいすることから議論を始めてみましょう。

『後漢書』東夷列伝倭の条から見ていきましょう。『後漢書』は、漢・武帝が衛氏朝鮮を滅ぼし楽浪郡などの四郡を置いた紀元前一〇八年以降、三世紀半ばにかけての列島の様子を次のように記しました。(5)

倭は韓の東南大海の中に在り、山島に依りて居を為す。凡《およ》そ百余国。武帝、（衛氏）朝鮮を滅《ほろぼ》すにより、使駅《訳》（使人と通訳）を漢に通ずる者、三十許国。国、皆、王を称し、世々統を伝ふ。その大倭王は邪馬台国に居す。……建武中元二（五七）年、倭奴国、貢を奉り朝賀す。使人、自ら大夫と称す。倭国の極南界なり。光武（帝）、賜ふに印綬を以てす。……（二世紀後半の）桓（帝）・霊（帝）の間、倭国大いに乱れ、更《こもご》も相攻伐し、年を歴《ふ》るも主なし。一女子あり、名づけて卑弥呼と曰ふ。年長ずるも嫁さず。能く妖を以て《鬼道を事とし（『三国志』）》衆を惑はす。是に共立して王と為す。

前漢半ばから後漢代にかけて、列島には他と区別される百余の政治社会があり、それぞれに王を称して王統を伝える三〇ばかりの国が漢に通じ、印綬（冊封）を受ける王（国）も現れたが、二世紀後半、攻伐歴年の内戦状態に陥り、解決策として卑弥呼と称する女子を共立して邪馬台国に君臨させたという流れです。

卑弥呼は「居処・宮室・楼観・城柵、厳《おごそ》かに設け、常に人有りて兵《武器》を持ちて守衛」され、狗奴国との戦闘に当っては魏王朝から詔書・黄幢《軍旗》・檄《檄文》をもった軍事顧問団が派遣されるほどの関係にありました。卑弥呼の死による内乱の後、王に立てられた卑弥呼の宗女・台与にも檄が渡されました（『三国志』魏書東夷伝倭人の条）。

三世紀半ばから四世紀にかけて、列島社会はそれほどの成熟に達していたと中国諸王朝は見ていたわけです。しかしなお、列島は複数の政治社会が並立・抗争する社会でした。

外交記録がないため、中国史書からは四世紀代の倭の状況は分かりませんが、五世紀に入ると、倭（国）王は、被冊封国ながら「治天下」「大王」を名乗るほどに統治機能を強化し、朝鮮半島での軍事行動の承認まで求めました（『宋書』夷蛮伝倭国の条）。
国家への飛躍が直前に迫ったかに見えました。

しかし、『日本書紀』が記すように、五世紀末から六世紀前半にかけて、王統は混乱を極め、一度ならず断絶の危機に直面し、王族・貴族間の殺し合いが日常化したほどでした。そして朝鮮半島での動乱と連動しつつ、より大規模な内戦状態へと発展しました。男大迹《をほど》天皇（継体天皇）二十一（五二七）年の条に記される筑紫君磐井《つくしのきみいはゐ》の乱は最たるものでした。高句麗の南下、百済の一時滅亡、新羅の勃興と加羅諸国の衰退という東アジア的動乱のただなかに叩き込まれる中で、列島社会は大分裂の危機に陥ったということです。中国諸王朝への朝貢外交もまた途絶えました。

その一端は、『日本書紀』が、「治天下獲加多支鹵《わかたける》大王」に比定される大泊瀬幼武《おほはつせわかたけ》天皇（雄略天皇）を「太悪《はなはだあしくまします》天皇」（二年十月の条）、「有徳《おむおむしくまします》天皇」（四年二月の条）と、相反する評価で表現している中にもうかがえます。

六世紀半ば、混乱を収拾する形で、後に「天国排開広庭天皇」と諡《おくりな》された欽明天皇が即位します。「天」を冠する国風諡号が最初に贈られたように、欽明天皇は「天」の一族の始祖となります。最上位の姓《かばね》である真人《まひと》姓のほとんどが欽明天皇の父・異母兄・息子たちを始祖としています。国家へ向かっての再挑戦、王族・貴族・公民の再編制が始まりました。

半世紀の後、隋王朝に使人が遣わされるほどになったことは見て来た通りですが、隋王朝は倭国に深い関心を示し、わざわざ官人を派遣しました。その実見も踏まえて『隋書』は倭国の統治制度を次のように記しています。

内官に十二等有り。一に曰く大徳、次に小徳、次に大仁、次に小仁、次に大義、次に小義、次に大礼、次に小礼、次に大智、次に小智、次に大信、次に小信、員に定数無し。軍尼一百二十人有り、猶《なほ》中国の牧宰のごとし。八十戸に一伊尼翼を置き、今の里長の如きなり。十伊尼翼、一軍尼に属す。

前半は貴族・官人の位の記述です。『日本書紀』推古天皇十一（六〇三）年十二月の条に記される冠位十二階に符合します。

興味深いことに、『隋書』が徳の次に儒教の徳目である五常の順に仁・義・礼・智・信と並べて記すのに対し、『日本書紀』は徳の次に仁《にん》・礼《らい》・信・義・智と並べています。この並べ方について、生前、福永光司が、五世紀頃に成立した道教経典『太霄琅書《たいしょうろうしょ》』に基づく可能性が高いと教示されたこと(6)が思い出されます。天武天皇による天皇号や八色《やくさ》の姓《かばね》の理論化と定着、「天」の一族の自己意識を考えると、その可能性が高いでしょう。

後半は住民編制の様相です。「軍尼」は「くに」の音訳でしょうが、牧宰《ぼくさい》は地方長官を指す言葉ですから、「軍尼」は、地方単位である以上に、軍政官の意味合いが強く感じられます。

一つの「軍尼」には「伊尼翼」と記される里長のごとき管理者一〇人が属し、「伊尼翼」一人は八〇の戸《こ》を組織すると記されています。「伊尼翼」は「伊尼冀」の誤記で、やまとことば「稲《いな》置《ぎ》」の音訳と見られています。

軍尼―伊尼翼《冀》―戸という流れは、土地以上に人員の把握に重点が置かれたと思われます。東アジアの動乱を見据えつつ、それに対応できる兵力の把握、編制、動員が優先されたためでしょう。

一戸を、大宝令下での戸籍等の検討から求められた二五人とすれば、二五人×八〇戸×一〇伊尼翼《冀》×一二〇軍尼が七世紀初頭に倭王権が掌握していた「天下百姓」の数です。二四〇万人となります。十世紀頃の日本の人口が六〇〇万人ほどと見られていることからすれば、妥当な数値です。

そこまで整った住民編制が定着、機能していたかは疑問ですが、当時の倭王権が、そうした制度を理念として持っていたことは確かでしょう。

兵員編制で成立した天下諸国

理念として描いた「天下諸国」「天下百姓」の編制は、大宝令下の制度へと発展、定着していきます。その間、「軍尼―伊尼翼《冀》」という二層制から、「国《くに》―評《こほり》―五十戸《さと》」へ、そして「国―郡―里」という三層制へと変化していきました。

現在のところ、「評」の最古例は、法隆寺献納宝物の「辛亥年銘銅造観音菩薩立像」（重要文化財・東京国立博物館蔵）台座名です。「笠評君《かさのこほりのきみ》」と刻まれています。辛亥年は六五一年、笠評は後の丹波国加佐郡（京都府舞鶴市あたり）と見られます。

木簡例では石神遺跡《いしがみ》（奈良県高市郡明日香村）出土の「乙丑《きのとうし》年十二月三野国ム《牟》下評大山五十戸造ム下ア《部》」が現時点での最古例です。乙丑年は六六五年、三野国は後の美濃《みの》国（岐阜県南部・長野県木曽郡）、ム下評《むげのこほり》は後の武儀《むぎ》郡（岐阜県美濃市・関市あたり）のことです。五十戸は「さと」の初出表現ですから「国―評―五十戸」がそろって見られる最古例です。

しかし、「五十戸」は自然発生的な集落ではありません。

軍防令によれば、兵士五〇人を隊、隊を率いる者を隊正と呼んで軍団の基礎としました。隊を組む五〇人の兵士をそろえて出し続ける単位が「五十戸」です。

戸も兵士一人以上を出す単位です。

毎年、その戸から、三人に一人の割で兵士を徴発されても、戸に課された租庸調を納めることが可能となるような人員編制です。自然な家族ではありません。一戸は、正丁と呼ばれる二一歳から六〇歳までの男性三人を核とする二五人前後の構成となります。残された戸籍は、それを裏付けています。

「さと」には里や郷という漢字が当てられ、自然な集落の印象を高めていきますが、戸は兵士の徴発、「さと」は隊の編制を目的として生まれた単位であることを忘れてはならないでしょう。(7)

七世紀半ばに「五十戸→評→国」という形で兵士を徴発する体制が列島規模で作り出されていったことは、『常陸《ひたち》国風土記』の次の記載にも明らかです。

国郡《くにこほり》の旧事《ふるごと》を問ふに、古老《ふるおきな》の答へて曰《い》へらく、古《いにしへ》は、相模国足柄岳坂《さがみのくにあしがらのやまさか》より東《ひむがし》の諸　県《もろもろのあがた》は、惣《すべ》て我姫国《あづまのくに》と称《い》ひき。是の当時《とき》、常陸と言はず。唯《ただ》、新治《にひばり》・筑波《つくは》・茨城《うばらき》・那賀《なか》・久慈《くじ》・多珂《たか》の国と称ひ、各《おのおのも》、造《みやつこ》・別《わけ》を遣《つか》はして検校《をさ》めしめき。其の後、難波長柄豊前大宮《なにはながらとよさきのおおみやに》臨　軒　天　皇《あめのしたしろしめししすめらみこと》の世《みよ》に至り、高向臣《たかむくのおみ》・中臣幡織田連《なかとみのはとりだのむらじ》らを遣はして、坂より東の国を惣領《すべをさ》めしめしき。時に、我姫道《あづまのみち》、分れて八の国と為り、常陸国、其の一と居《を》れり。（総記）

古老の曰へらく、難波長柄豊前大宮　馭　宇《あめのしたしろしめしし》天皇の世、癸丑年《みずのとうし》、茨城国　造《くにのみやつこ》・小乙下《従八位下相当》壬《み》生連麿《ぶのむらじまろ》、那珂国造・大建《大初位相当》壬生直夫子《あたひをのこ》ら、惣領《すべをさ》・高向大夫《まへつぎみ》、中臣幡織田大夫らに請《こ》ひて、茨城の地《くに》の八里と那珂の地の七里とを合せて七百余戸を割《さ》きて、別《わ》きて郡家《こほりのみやけ》を置けり。（行方郡）

難波長柄豊前大宮臨軒天皇の世に至り、癸丑年、多珂国造・石城直美夜部《いはきのあたひみやべ》、石城評　造　部《いはきのこほりのみやつこべの》志許赤《しこあか》ら、惣領・高向大夫に請ひ申して、所部《くぬち》遠く隔たり往来不便を以て、分ちて多珂・石城の二つの郡を置けり。（多珂郡）

常陸などの令制国につながる国も新しい評（『常陸国風土記』の表現では郡）も、難波長柄豊前大宮臨軒《馭宇》天皇（孝徳天皇）の代に設置されたという記述です。

とくに注目したいのは、行方郡《なめかた》の記載です。茨城《うばらき》の地《くに》七里と那珂《なか》の地八里を合わせた七百余戸で新しい郡（評）を編制したとあります。七百余戸を七里＋八里＝一五里で割ると、一里はほぼ五〇戸です。五十戸＝さとです。天下百姓の編制が五〇戸を基礎として進められたことが分かります。

癸丑年は六五三年ですから、造像銘や木簡の「評」登場とほぼ同時です。地域も丹波（京都府北部）、美濃（岐阜県南部）、常陸（茨城県）と列島全体に及んだことが知られます。

国についても、『日本書紀』は天武天皇の巻になお筑紫国・吉備国・東国《あづま》と表現しています[8]。令制国名は、筑紫が筑前・筑後、吉備が備前・備中・備後・美作、東国が上野・武蔵・下野・相模・上総・下総・安房・常陸各国[9]ですから、近国（宮居近くの地域）はともかく、列島全域に及ぶ国の確立も七世紀後半、それもかなり下る可能性が高いということです。

このように、七世紀半ば、東アジアの動乱を背景に、住民は、「天」の一族を核とする王族・貴族の国家建設を受け入れました。兵役と租庸調を課される「天下百姓」となりました。列島が「天下諸国」に再編される最後の一歩が踏み出されました。

特別な地域としての筑紫と東国

そうした流れのもとで列島各地が天下諸国となっていくなかで、宮居周辺以外で、日本国家誕生を考える「定点」となりうる地域がないでしょうか。

倭国の王者が「治天下大王」を名のる前後から日本国家誕生前後までの、その地域や関係する氏族の動きが、比較的よく分かっていることが基本ですが、細かく見ると、少なくとも二つの条件が加わりそうです。

第一の条件は、日本国家誕生に至る時代において、倭王権ないし日本国家がその地域を特別な視点で見ていることです。特別な視点で見られることは、逆に、その地域から倭王権ないし日本国家の本質が見えやすいことにもなります。

第二の条件は、日本国家誕生を前後する時代の、他に代えることのできない独自の史料や資料、それも種類を異にする複数の史料や資料をもっていることです。とくに、七世紀半ば以降、天下諸国への分割ないし併合が行われ、「天下百姓」となった住民が、国民として、また地域住民として主体的な動きを見せる史料や資料がのぞまれます。

条件にかなう地域としては、少なくとも二つの地域が浮上します。

筑紫《つくし》と東（あづま、あるいは東国と書いて「あづまのくに」）です。

筑紫は福岡県を中心とした九州地方、東国は関東地方とほぼ重なります(10)。

筑紫は、九州島を指す場合（「筑紫洲《つくしのしま》」『日本書紀』神代上巻）、筑前・筑後に分けられた福岡県西部・南部を指す場合(11)に加えて、後の大宰府《だざいふ》を指す例が、『日本書紀』などでは目立ちます。

『日本書紀』には筑紫という文言が一八〇ほど出てきますが、半数が天智天皇三（六六四）年以降の三代に集中しています。新羅・唐連合軍の攻撃に備えての筑紫での朝鮮式山城や水城《みずき》の築造と防衛・外交の拠点としての筑紫大宰府《おほきみこともちのつかさ》の構築です。天智天皇以降の三代だけで、筑紫大宰府を直接に指す文言は二四例に上ります。(12) ここに、日本国家誕生前夜の王権ないし国家から見た筑紫の特別な位置が、凝縮しています。

新元号「令和」の典拠が『万葉集』巻五の八一五番から八四六番の歌に付けられた序文「天平二(七三〇)年正月十三日、(大宰)帥《そち》の老《おきな》の宅に萃《あつま》りて宴会を申《ひら》く。時に、初春の令月にして、気淑《よ》く風和ぎ、梅は鏡前《きょうぜん》の粉《こ》を披《ひ》らき…」であることが注目を集めていますが、これらの歌は大宰帥(長官)大伴宿禰旅人の宴席で詠まれた歌でした。優雅、長閑《のどか》に見えますが、大宰府は唐・新羅に対する外交・防衛の最前線に位置し「大王《おほきみ》の遠《とほ》の朝廷《みかど》」と呼ばれた場所でした。

対外防衛の最前線司令部であったことは、兵部使少輔《しょうゆう》の官職にあった息子・大伴宿禰《すくね》家持の天平勝宝七(七五五)年二月八日の歌にも明らかです。妻子と分かれて東国から大宰府周辺での役に就いた防人《さきもり》の心情を「大君の　遠の朝廷と　しらぬい　筑紫の国は　賊《あた》守る鎮《おさ》への城《き》ぞと…」と歌い始めています(『万葉集』巻二十―四三三一　追痛防人悲別之心作歌一首并短謌」)。

大宰府は対外防衛、軍事司令部であるだけではありませんでした。西海道《さいかいどう・にしのみち》と称される九州九国(筑前・筑後・豊前・豊後・肥前・肥後・日向・薩摩・大隅)・三島(壱岐・対馬・多禰(現、種子島))を統轄する広域地方政府でもありました。遣唐使・遣新羅使にとっての重要な出港拠点でもありました。まさに特別な存在でした。

独自の史料や資料も『豊後国風土記』『肥前国風土記』、江田船山古墳出土鉄刀銘・豊前国長谷寺観音菩薩像台座銘（大分県中津市）・浄水寺石碑群（熊本県宇城《うき》市）等の金石文、大宰府跡出土木簡、世界遺産「『神宿る島』宗像・沖ノ島と関連遺産群」など実に多様です。筑紫とそこに関わる氏族の動向も『日本書紀』や『続日本紀』に事細かに書かれています。

筑紫が、外交・防衛の拠点として一つの定点になることは間違いありません。

東国《あづまのくに》はどうでしょうか。

『常陸国風土記』などは、七世紀半ばまで、今日の関東地方と重なり合う地域は、我姫国《あづまのくに》（東国）という一つの領域として把握されていたと記しています。

これに対して、東国の中心には毛野《けの》と呼ばれる領域があって、難波《なには》高津朝《たかつのみかど》（仁徳天皇）の時に分割された独自の勢力（毛野氏?）が存在していたという意見があります。平安時代初期の成立と見られる『先代旧事本紀《せんだいくじほんぎ》』国造《くにのみやつこ》本紀下毛野《しもつけの》国造《くにのみやつこ》の条の「難波高津朝御世、元の毛野国を分けて上下と為す」という記述が論拠となっています。

しかし、『先代旧事本紀』の記載以外に、毛野（国）と書かれた史料や資料は一切ありません。ある領域が分割された例としては筑紫、吉備などがありますが、筑前・筑後、備前・備中・備後・美作に分割以後も筑紫、吉備の用例が見られることとは対照的です。

上毛野・下毛野を氏《うじ》の名に負う上毛野君《かみつけののきみ》・下毛野君《しもつけののきみ》の祖先伝承も、毛野国仁徳朝分国論、さらには毛野国実在論に疑問を呈すものばかりです。『日本書紀』を引用しましょう。

① 崇神天皇四十八年四月の条

豊城命《とよきのみこと》を以て東国《あづまのくに》を治めしむ。是《これ》、上毛野君・下毛野君の始祖なり。

② 景行天皇五十六年八月の条後半部

（上毛野君らの祖、御諸別王《みもろわけのみこ》の）子孫《うみのこ》、今に東国《あづまのくに》に有り。

天武天皇十（六八一）年三月「帝紀《すめらみことのふみ》及び上古《いにしへ》の諸事《もろもろのこと》を記し定める」ために集められた人々の中に、大錦下《だいきんげ》（従四位相当）上毛野君三千《みちち》がいました。持統天皇五（六九一）年八月「その祖等《おやども》（先祖）の墓記《おくつきのふみ》を上進」した一八氏の中にも、上毛野朝臣《かみつけののあそみ》は入っています。

こうしたことから、上にあげた祖先伝承は上毛野朝臣が提出したものと考えられます。

それだけに、統治領域や主たる展開領域を、上毛野国でも「毛野国」でもなく、一貫して「東国《あづまのくに》」と書いていることは注目に値します。

「東国」をすべて「あづまのくに」と読んでいることも重要です。『日本書紀』『続日本紀』の「西国」用例が三例に過ぎず、しかも、ただ単に西の国を指しているだけなのに対して「東国」用例は三〇を超え、大半が「あづまのくに」と読まれて一定の完結した政治社会を指しています。

上毛野君の有力な同祖氏族六氏が、上毛野国・下毛野国を主たる勢力基盤としながらも、毛野六腹朝臣ではなく東国六腹朝臣《あづまのくにむつはらのあそみ》と呼ばれていたこと(13)も傍証となります。参考までに述べれば、毛野氏という氏族は実在しませんが、吉備氏（吉備臣）・筑紫氏（筑紫君）は実在します。足柄の丘坂《さか》以東の関東地方を「我姫国《あづまのくに》（東国）」という一つの地域と考えていたのは、『常陸国風土記』や上毛野君らの祖先伝承だけにとどまりません。『古事記』は、足柄山以東をまとめて「阿豆麻《あづま》」、『日本書紀』は、碓氷《うすひ》坂以東を「吾嬬《あづま》」と呼んでいます。

公式令にも「凡そ朝集使、東海道は坂の東、東山道は山の東…皆、駅馬に乗れ」と書かれました。注釈書の『令義解《りょうのしゅうげ》』は駿河と相模の界の坂（足柄坂）以東を坂東、信濃と上野の界の山（碓氷坂）以東を山東と記しています。

『常陸国風土記』が八国に分かれたと記した後も、碓氷坂・足柄坂以東、おおよそ今日の関東地方を一つの地域と考えることは貴族・官人層の共通認識だったと言えます。

そのことを示す証拠が『日本書紀』『続日本紀』に見られます。

『日本書紀』の東国用例が目立つのは天武天皇の条です。『日本書紀』東国用例二九のうち一一例が天武天皇の条に集中しています。

壬申の乱について記す巻二十八では、天武天皇が、まずは「東国に入る」（四例、類例が持統天皇の条にも見られます）と書き、「東国軍」という軍事編制も示しています。

政権を確立した後も、天武天皇四（六七五）年正月の条に「是の日、大倭《やまと》国、瑞鶏《あやしきにはとり》を貢《たてまつ》れり。

東国、白鷹《しらたか》を貢れり。近江国、白鵄《しろとび》を貢れり」と記して大倭国・近江国と並ぶ一つの国として東国を扱っています。五（六七六）年四月の条には「美濃国司に詔して曰く『礪杵《とき》郡の紀臣《きのおみ》訶佐麻《かさま》呂《ろ》の子、東国に遷し、その国の百姓とせよ』」と書き、十四（六八五）年十月の条には「伊勢王らまた東国に向ふ。因って以て衣袴《ころもはかま》を賜ふ（伊勢王らがまた東国に向かうので、衣と袴を賜った）」と記しています。一つの地域としての東国という意識は、日本国家誕生の直前まで持たれていたと考えてよいでしょう。

『続日本紀』は、天平宝字七（七六三）年正月の条に「帝閤《こうもん》（内裏内門）に御《ぎょ》して五位已上及び蕃客、文武百官主典《さかん》（四等官）已上を朝堂に饗《きょう》す。唐・吐羅《どら》（耽羅すなわち済州島か）、林邑《りんゆう》（チャンパ）（南部ベトナム）、東国、隼人らの楽を作す」と記して吐羅、林邑などの楽と並ぶ一つの地域の楽として東国の楽を見ています。[14]

天語歌《あまがたりうた》——夷《ひな》に面する最前線・東国

「天」との関係で東国が特別な存在と考えられていた興味深い歌物語が、『古事記』下巻・雄略天皇段に載せられています。

とても重要な箇所なので、いささか長文ですが引用しておきましょう。

天皇《すめらみこと》、長谷《はつせ》の百枝槻《ももえつき》の下に坐《ましま》して、豊楽《とよのあかり》したまひし時、伊勢国の三重婇《みへのうねめ》、大御盞《おほみうき》を指挙《ささげ》げて献《たてまつ》りき。爾《ここ》に、その百枝槻の葉、落ちて大御盞に浮きき。その婇、落葉の盞《うき》に浮けるを知らずて、猶《なほ》、大御酒《おほみき》を献りき。天皇、その盞に浮ける葉を看行《みそな》はして、その婇を打ち伏せ、刀をもちてその頸に刺し充《あ》てて斬らむとしたまひし時に、その婇、天皇に白《まを》して曰《い》ひしく「吾身《あがみ》をな殺したまひそ。白すべき事あり。」すなわち歌ひしく、

麻岐牟久能《まきむくの》　比志呂乃美夜波《ひしろのみやは》　阿佐比能《あさひの》　比伝流美夜《ひでるみや》　由布比能《ゆふひの》　比賀気流美夜《ひがけるみや》
多気能泥能《たけのねの》　泥陀流美夜《ねだるみや》　許能泥能《このねの》　泥婆布美夜《ねばふみや》　夜本爾余志《やほによし》　伊岐豆岐能美夜《いきづきのみや》
麻紀佐久《まきさく》　比能美加度《ひのみかど》　爾比那閇夜爾《にひなへやに》　淤斐陀弖流《おひだてる》　毛毛陀流《ももだる》　都紀賀延波《つきがえは》
本都延波《ほつえは》　阿米袁淤幣理《あめをおへり》　那加都延波《なかつえは》　阿豆麻袁淤幣理《あづまをおへり》　志豆延波《しづえは》　比那袁淤幣理《ひなをおへり》
本都延能《ほつえの》　延能宇良婆波《えのうらばは》　那加都延爾《なかつえに》　淤知布良婆閇《おちふらばへ》
那加都延能《なかつえの》　延能宇良婆波《えのうらばは》　斯毛都延爾《しもつえに》　淤知布良婆閇《おちふらばへ》　斯豆延能《しづえの》
延能宇良婆波《えのうらばは》　阿理岐奴能《ありきぬの》　美幣能古賀《みへのこが》　佐佐賀世流《ささがせる》　美豆多麻宇岐爾《みづたまうきに》　宇岐志阿夫良《うきしあぶら》
淤知那豆佐比《おちなづさひ》　美那許袁呂許袁呂爾《みなこをろこをろに》　許斯母《こしも》　阿夜爾加志古志《あやにかしこし》　多加比加流《たかひかる》　比能美古《ひのみこ》
許登能《ことの》　加多理碁登母《かたりごとも》　許袁婆《こをば》

故《かれ》、歌を献上《たてまつり》しかば、その罪を赦《ゆる》す。爾に大后《おほきさき》歌ひたまひき。その歌に曰ひしく、

夜麻登能《やまとの》　許能多気知爾《このたけちに》　古陀加流《こだかる》　伊知能都加佐《いちのつかさ》
爾比那閇夜爾《にひなへやに》　淤斐陀弖流《おひだてる》　波毘呂《はびろ》　由都麻都婆岐《ゆつまつばき》　曾賀波能《そがはの》　比呂理伊麻志《ひろりいまし》
曾能波那能《そのはなの》　弖理伊麻須《てりいます》　多加比加流《たかひかる》　比能美古爾《ひのみこに》　登余美岐《とよみき》　多弖麻都良勢《たてまつらせ》

許《こ》登《と》能《の》　加《か》多《た》理《り》碁《ご》登《と》母《も》　許《こ》袁《を》婆《ば》

即ち、天皇、歌ひ曰ひしく、

毛《も》毛《も》志《し》記《き》能《の》　淤《お》富《ほ》美《み》夜《や》比《ひ》登《と》波《は》　宇《う》豆《づ》良《ら》登《と》理《り》　比《ひ》礼《れ》登《と》理《り》加《か》気《け》弖《て》
麻《ま》那《な》婆《ば》志《し》良《ら》　袁《を》由《ゆ》岐《き》阿《あ》閇《へ》　爾《に》波《は》須《す》受《ず》米《め》　宇《う》受《ず》須《す》麻《ま》理《り》韋《ゐ》弖《て》　祁《け》布《ふ》母《も》加《か》母《も》　佐《さ》加《か》美《み》豆《づ》久《く》良《ら》斯《し》
多《た》加《か》比《ひ》加《か》流《る》　比《ひ》能《の》美《み》夜《や》比《ひ》登《と》　許《こ》登《と》能《の》　加《か》多《た》理《り》碁《ご》登《と》母《も》　許《こ》袁《を》婆《ば》

此の三つの歌は**天語歌**《あまがたりうた》なり。故《かれ》、この豊楽に、その三重婇を誉《ほ》めて、多《あまた》の禄《もの》を給ひき。

地の文の冒頭の流れは、天皇の一行が「百枝槻《ももえつき》」、すなわちたくさんの枝が茂るケヤキの樹の下で酒宴（新嘗祭か）を開いた時、伊勢国三重の婇（采女、地方の豪族から食膳・酒宴のために差し出された子女）が、盃に浮かんだ落ち葉に気づかず、手打ちにされそうになったというものですが、「天語歌」とまとめられた三つの歌は万葉仮名で書かれているだけに、意味がよく分かりません。多くの先学の読みを勘案すれば、次のように読み下せます。采女、大后、天皇の順に番号をつけて読み下してみましょう。

①　采女の歌

纏向《まきむく》の日代《ひしろ》の宮は　朝日の日照《で》る宮　夕日の日翔《がけ》る宮　竹の根の根足《だ》る宮　木《こ》の根の根蔓《ば》ふ宮
八百丹《やほに》よし　い築《きづ》きの宮　真木《まき》さく檜《ひ》の御門《みかど》　新嘗屋《にひなへや》に生《お》ひ立《だ》てる　百足槻《ももたるつき》が枝《え》は

上枝《はつえ》は天《あめ》を覆《お》へり　中枝《なかつえ》は東《あづま》を覆《お》へり　下枝《しづえ》は夷《ひな》を覆《お》へり
上枝の枝の末葉《うらば》は中枝に落ち触《ふ》らばへ　中枝の枝の末葉は下枝に落ち触らばへ
下枝の枝の末葉は　あり衣《きぬ》の三重の子《こ》が捧《ささ》がせる瑞玉盞《みづたまうき》に　浮きし脂《あぶら》落ちなづさひ
水《みな》こをろこをろに　是《こ》しも　あやに畏《かしこ》し　高光る日の御子　事の語り言《ごと》も　是《こ》をば

②**大后の歌**

倭《やまと》のこの高市《たけち》に　小高《こだか》る市《いち》の高処《つかさ》　新嘗屋《にひなへや》に生《お》ひ立《だ》てる　葉広《はびろ》ゆつ真椿《まつばき》　そが葉の広《ひろ》りいまし
その花の照りいます　高光る日の御子に　豊御酒《とよみき》献《たてまつ》らせ　事の語り言《ごと》も　是《こ》をば

③**天皇の歌**

ももしきの大宮人は　鶉鳥領巾《うづらとりひれ》取りかけて　鶺鴒《まなばしら》尾ゆきあへ　庭雀うずすまり居《ゐ》て
今日もかも　酒水《さかみづ》漬くらし　高光る日の宮人　事の語り言《ごと》も　是《こ》をば

新嘗《にひなめ》の祭儀のために新たに建てられた御殿宴席で、王とその治世を寿《ことほ》ぐ歌物語です。「纏向《まきむく》の日代《ひしろ》の宮」は大帯日子淤斯呂和気天皇《おほたらしひこおしろわけすめらみこと》（『古事記』表現、景行天皇）の宮と伝承されてきた宮ですから、この宮を雄略天皇の宮あるいは治世と限定せずに、新嘗に関わる御殿新築の宴での治世を寿ぐ歌と見てよいでしょう。上田正昭が指摘されたように「八百丹よしい築きの宮」の文言が出雲国造神賀詞《いずものくにのみやつこのかむよごと》の「八百丹杵築宮」と重なり合うこと、[15]「天語歌」とまとめ伝えられていることなどに、歌の重さが感じられます。

二重の婇の歌に詠まれる槻《つき》とはケヤキのことです。樹冠が扇状に拡がる多くの枝（百枝《ももえ》）を上・中・下に分け、上枝《ほつえ》から中枝《なかつえ》、中枝から下枝《しづえ》へと葉が落ち、最後に、盞《うき（さかずき）》に注がれた御酒《みき》に浮くありさまを、伊弉諾《いざなき》・伊弉冉《いざなみ》両神の国生みの光景に結び付け、王者の治世を寿ぐ歌になっています。

重要なのは、上枝を「阿米《あめ》」に、中枝を「阿豆麻《あづま》」に、下枝を「比那《ひな》」に譬えた点にあります。「比那」には鄙の字を当てる考えもありますが、『古事記』『日本書紀』の「ひな」には、万葉仮名で書かれた本例以外はすべて「夷」ないし「蝦夷」の字が当てられています。「阿米」は天《あめ》ですから、天語歌は、倭王権ないし日本国家が考えた国土あるいは国家の構造を浮かび上がらせていると言えます。

アメと称される倭国大王の大王国土のもとにアヅマ（東国）、ヒナ（夷）という従属すべき第二義的、第三義的な地域が上下の入れ子状に配される構造です。中華思想の単なる写しであれば、ヒナ（夷）を一番の外殻とする同心円状の三層構造で済むはずですが、樹冠が扇状に拡がるケヤキの木をたとえに使うことで、天を上とし、夷を下とする入れ子状の構造を表現しようとしたと見られます[16]。

とくに強調したいのは、東国《あづまのくに》は、天《あめ》とも夷《ひな》とも異なる特別な中間領域、天に対して相対的に独自なクニと理解されていたことです。

日本国家は、唐を対等な隣国、新羅・渤海を従属すべき蕃国、蝦夷の地・隼人の地・南嶋などを夷狄地と意識しました。そうした国家理念に照らせば、筑紫の特別性が、唐・新羅を強く意識した外交・防衛の拠点性にあるとすれば、東国の特別性は、夷《ひな》、主として蝦夷地に対する最前線としての位置付けにあることが理解されます。

「日本国」誕生を見る窓

東国を特別な中間領域とした場合、独自の史料や資料は、東国から「日本国」誕生を考える際の窓となります。主要な窓の概要を紹介しておきましょう。

⑴『常陸国風土記』

風土記は和銅六（七一三）年の「畿内七道諸国の郡・郷名は好字を着けよ。その郡内に生ずる所の銀・銅・彩色《さいしき》・草木・禽獣・魚虫などの物は具《つまびらか（種類・内容）》に色目を録せよ。及び土地の沃埆《よくせき（肥え具合）》、山川原野の名号の所由《しょゆう（出所・由来）》、また古老《ふるおきな》相伝ふる旧聞《きゅうぶん》異事は史籍に載せてまた言上すべし」という命令（『続日本紀』和銅六年五月二日の条）に基づく報告書（解文《げぶみ》）です。

『常陸国風土記』も「常陸国司解《げ》す。古老の伝ふる旧聞を申す事」と始まっています。養老二（七一八）年五月分置の石城《いはき》国を陸奥国石城郡と書いていることから、それ以前にまとめられ、養老三年常陸守となり安房・上総・下総按察使《あぜち》を兼ねた藤原朝臣宇合《うまかひ》（藤原朝臣不比等の三男）により編纂、提出されたと考えられています。[17]

② 埼玉《さきたま》稲荷山古墳出土鉄剣銘文

一九六八年、埼玉《さきたま》古墳群（埼玉県行田《ぎょうだ》市）の一画、稲荷山古墳の発掘調査が行われました。一本の錆びた鉄剣が出土しました。

十年後に保護処理のためX線が当てられました。文字らしい金線の輝きが確認されました。丁寧に研ぎ出され、表・裏一一五文字の銘文が明らかになりました（口絵1）。その報道に衝撃を受けたことを今でも覚えています。

同時に発見された出土品とともに一括国宝に指定されました。埼玉古墳群の現地「埼玉県立さきたま史跡の博物館」で保存されていることも特筆されます。稲荷山古墳出土鉄剣保存の動きが、国宝などの原則現地保存の原動力となったからです。

たびたび指摘してきたように、「治天下」「大王」が刻まれていました。五世紀後半、倭国の王者が国家へと大きな飛躍を図った一つの証拠と見られます。

③ 上野三碑《こうずけさんぴ》（山上碑《やまのうえひ》・多胡碑《たごひ》・金井沢碑《かないざわひ》）と那須国造《なすくにのみやつこ》碑《ひ》

東国からは、日本国家が成立した大宝元（七〇一）年を挟む形で、他に類例のない石碑が四つも見つかっています。

近接して立つ山上碑《やまのうえひ》（六八一年・群馬県高崎市山名町《やまなまち》）・多胡碑《たごひ》（七一一年・高崎市吉井町《よしいまち》）・金《かな》

井沢碑《いざわひ》（七二六年・高崎市山名町）と那須国造碑《なすくにのみやつこひ》（七〇〇年・栃木県大田原《おおたわら》市、笠石神社御神体）です。

前三者は一括して上野三碑《こうずけさんぴ》と呼ばれ、二〇一七年ユネスコ世界の記憶に登録された特別史跡群です。後者は徳川光圀《みつくに》（一六二八～一七〇一）が発見・保護に尽力された国宝です。

東国周辺では、四つの碑に続く形で、多賀城《たがじょう》碑（七二六年・宮城県多賀城市）、山上《やまかみ》多重塔（八〇一年・群馬県桐生市）が建てられました。

稀少な存在である古代石碑が集中して建てられただけでなく、六つすべて、完全な形で保存され、銘文もしっかりと読めます。宮居周辺でも見られない特質です。

④　考古遺物

東国には、強く惹かれる独特な遺物が、いくつかあります。わけても特筆すべき二つの金属器を紹介しておきましょう。

六世紀第Ⅲ四半期築造と見られている綿貫《わたぬき》観音山古墳（高崎市綿貫町）出土の銅水瓶《どうすいびょう》（口絵2）と、六〇〇年前後の築造と見られている八幡《やわた》観音塚古墳出土の金銅製托杯《たくはい》（承台付蓋鋺《うけだいつきふたわん》、口絵3）です。

前者は、類似品が東京国立博物館法隆寺館所蔵の法隆寺献納宝物の中に何点か見られますが、古墳出土としては唯一の例です。朝鮮半島の古墳からも見つかっていません。源流は東魏《とうぎ》・北斉《ほくせい》

（五三四〜五七七）と見られます。中国史料に東魏・北斉と倭国との関係を記す記載がないなかで、綿貫観音山古墳の築造期が重なることは注目されます。

中国北朝・朝鮮半島諸国と倭国・東国の関係は、日本国家誕生にも大きな問題を投げかけると思われます。平城京の「平城」は北魏の首都が手本でした。年号「神亀」は北魏、「天平」は東魏が起源です。神武天皇の「神武」という漢風諡号も、北斉建国の父・高祖高歓の諡号「神武帝」を参考にした可能性があります。他の中国王朝の皇帝諡号には「神武」はありません。

後者は、八幡観音塚古墳に二例見られる以外では、上総《かずさ》金鈴塚古墳（千葉県木更津《きさらづ》市）・宮地嶽《みやじだけ》古墳（福岡県福津市）に類似品が見られますが、完形品ではありません。

類品が、百済《ペクチェ・くだら》武寧《ムリョンワン・ぶねいおう》王陵の王妃の墓室から発見されていることが、何よりも注目されます。武寧王陵出土品は、銅托銀杯の優品です。見事な毛彫りがされていました。

武寧王陵からは、買地券（地主神から土地を買い受けたことを証明する石文）と呼ばれる墓誌が発見されています。王・王妃の没年と埋葬年が分かっています。王は五二三年没・五二五年埋葬、王妃は五二六年没・五二九年埋葬です。現在のところ、日韓両国で築造年と被葬者がはっきりと分かっている数少ない墳墓です。

武寧王の生誕地は、筑紫の各羅嶋《かからしま》（加唐島、佐賀県唐津市）と伝わっています（『日本書紀』小泊瀬稚鷦鷯《をはつせのわかさざき》天皇〈武烈天皇〉四年四月の条に引用された『百済新撰』）。

その子孫は、倭国にあって、倭君《やまとのきみ》（後に和朝臣。『日本書紀』武烈天皇七年二月の条、『新撰姓氏録』左京諸蕃下・和朝臣の条）と呼ばれました。桓武天皇（七三七〜八〇六）の生母・高野新笠《たかののにひがさ》（七九〇年没）は、子孫の一人と伝わります。二〇〇二年日韓ワールドカップに際して今上天皇（現・上皇）が、このことに触れられたことは記憶に新しいところです。

武寧王陵の築造年は八幡観音塚古墳の推定築造年代より七〇〜八〇年ほど古くなりますが、八幡観音塚古墳とその出土品のもつ意義は大きいと思われます。

†　†　†　†　†

補論2　「上野」を「こうずけ」と読む理由

現在、「上野」は「こうずけ」と読まれていますが、飛鳥時代に「かみつけの」に「上毛野」の漢字を当てたことから始まります。奈良時代に入る頃から「好字二字」の原則にしたがって「毛」の字を脱落させる一方で、読みからは「の」が脱落して「かみつけ」となりました。読みは「かみつけ」↓「かんづけ」↓「こうづけ」と変化し続け、現代仮名遣いの拡大適用から「こうずけ」とされています。個人的には「こうづけ」がふさわしい読みと思いますが、「こうずり」が一般化していることに合わせたいと思います。

「東」も「あづま」がふさわしいと思いますが、「あずま」の用例が一般化しています。

第三章　東国で国家を準備した者たちの出自と伝承

稲荷山古墳の鉄剣が語ること

東国から日本国の誕生を見るには「治天下」「大王」が刻まれた埼玉《さきたま》稲荷山古墳出土鉄剣銘文から始めるのが筋でしょう。原文は次の通りです（口絵1）。

（表）辛亥年七月中記乎獲居臣上祖名意富比垝其児多加利足尼其児名弖已加利獲居其児名多加披次獲居其児名多沙鬼獲居其児名半弖比

（裏）其児名加差披余其児名乎獲居臣世々為杖刀人首奉事来至今獲加多支鹵大王寺在斯鬼宮時吾左治天下令作此百練利刀記吾奉事根原也

表・裏を一連の文として、おおむね次のように読み下せます。

辛亥年七月中記す。乎獲居《をわけ》臣。上祖、名は意富比垝《おほひこ》。其の児は多加利足尼《たかりすくね》。其の児、名は弖已《てよ》加利獲居《かりわけ》。其の児、名は多加披次獲居《たかはしわけ》。其の児、名は多沙鬼獲居《たさきわけ》。其の児、名は半弖比《はてひ》。其の児、名は加差披余《かさはよ》。其の児、名は乎獲居臣。世々杖刀人の首と為りて、奉事来り、今に至る。獲加多支鹵《わかたける》大王の寺、斯鬼《しき》宮に在る時、吾、治天下を左《たす》け、此の百練の利刀を作らせ、吾が奉事の根原を記す也《なり》。

銘文には五つの要点があります。

第一は、重ねて強調してきたように、「辛亥年」という年紀と「治天下」「大王」の文言が刻まれている点です。

「治天下」を称した「獲加多支鹵《わかたける》大王」は『日本書紀』に大泊瀬幼武天皇《おほはつせのわかたけのすめらみこと》、『古事記』に大長谷若建命《おほはつせのわかたけのみこと》、『万葉集』に大泊瀬稚武《おほはつせのわかたけ》天皇と書かれる雄略天皇、[1]『宋書』夷蛮伝倭国の条の倭王・武に当たると考えられています。

『日本書紀』は雄略天皇の在位を西暦換算で四五七年から四七九年と記しています（『古事記』の没年記載は十年遅れる己巳年＝四八九年）。『宋書』は倭王・武の即位年を四六二年以降、さほど経たないとし、[2]宋・順帝から昇明二（四七八）年に叙爵されたと書いています。

若干の幅はありますが、雄略天皇あるいは倭王・武は四六〇年代半ばから四八〇年前後まで王位にあったと見てよいでしょう。

そのなかで「辛亥年」を求めると四七一年が当たります。干支は六〇年で一巡しますから確度の高い定点資料が得られたと言えます。

第二の要点は、そうした定点資料が、都周辺ではなく東国で得られていることです。

第三の要点は、獲加多支鹵大王の治天下を「左《たす》」けたと自称する乎獲居《をわけ》臣が、上祖から自らに至る八代の系譜を記している点です。

上祖・意富比垝《おほひこ》—多加利足尼《たかりすくね》—弖已加利獲居《てよかりわけ》—多加披次獲居《たかはしわけ》—多沙鬼獲居《たさきわけ》—半弖比《はてひ》—加差披余《かさはよ》—乎獲居臣と、直線的に続く系譜が記されています。

上祖（始祖）と記される意富比垝には同名、著名な伝承上の人物がいます。『日本書紀』大《おほ》日本根子彦国牽《やまとねこひこくにくる》天皇（孝元天皇）七年二月の条に皇后欝色謎命《うつしこめのみこと》の第一子と記される大彦命《おほびこのみこと》（『古事記』では大毘古命）です。大彦命は「阿倍臣《あべのおみ》・膳臣《かしはでのおみ》・阿閉臣《あへのおみ》・狭狭城山君《ささきやまのきみ》・筑紫国造《つくしのくにのみやつこ》・越国造《こしのくにのみやつこ》・伊賀臣《いがのおみ》、凡《すべ》て七族《やから》の始祖《はじめのおや》」と記されています。

阿倍臣・膳臣・阿閉臣・伊賀臣は並んで天武天皇十三（六八四）年朝臣の姓を得ています。なかでも阿倍朝臣は公卿を出し続けました。大宝三（七〇三）年右大臣従二位で薨じた阿倍朝臣御《み》主人《うし》などはよく知られた人物です。上級貴族の官職簿『公卿補任《くぎょうぶにん》』の大宝三年の条に「安倍氏陰陽《おんみょう》先祖也」とあって、安倍晴明の先祖とされています。

大彦は、御肇国《はつくにしらす》天皇と伝承される御間城入彦《みまきいりひこ》五十《い》瓊殖《にゑ》天皇（崇神天皇）のもと、四道（北陸《くぬがのみち》・東海《うみつみち》・西道《にしのみち》・丹波《たには》）に派遣された将軍《いくさのきみ》の一人として、北陸の「戎夷《ひな》を平《む》け」(3)、その娘・御間城《みまき》姫《ひめ》は、崇神天皇の皇后として活目入彦《いくめいりひこ》五十《い》狭茅《さち》天皇（垂仁天皇）を生んだと伝わります。

大彦命と崇神天皇との関係伝承は有名でした。継体天皇二十四年の条には「磐余彦帝《いはれびこのすめらみこと（神武）》・水間城王《みまきのきみ（崇神）》より、皆、博物之臣《ものしれるまへつきみ》、明哲之佐《さかしきたすけ》に頼《よ》る。故《かれ》、道臣《みちのおみ》謨《はかりこと》を陳《の》べて神日本《かむやまと（神武）》以て盛《さかり》なり。大彦略《はかりこと》を申《の》べて瞻瓊殖《いにゑ（崇神）》用《も》て隆《さかり》にましましき（神武天皇や崇神天皇以来、国の政治を担うものはみな博識・明哲な臣下の補佐に頼っている。神武は道臣の計略により、崇神は大彦の計略により、ともに隆盛を得た）」という詔が出されたと記されているほどです。

大伴氏の祖とされる道臣と並べて記されている点に、大彦を祖とする貴族集団の性格がうかがえます。大王の近侍者という性格です。

そこで、乎獲居《をわけ》臣を、大彦命を始祖と仰ぐ貴族集団の中で明確に位置づけたいところですが、『古事記』『日本書紀』にも、氏族名鑑『新撰姓氏録《しんせんしょうじろく》』掲載の大彦命後裔氏族の祖たちの名にも、稲荷山古墳出土鉄剣に刻まれた名とぴったり一致するものはありません。いまのところ、乎獲居臣は、大彦（意富比垝）を始祖と仰ぐ一族の一員と推測するに止めざるをえません。

第四の要点は「杖刀人首」という文言です。

実は、「杖刀人首」はおろか「杖刀」という文言さえ古代史料の中には見られません。ですから、杖刀人首の読みも職掌も断定できませんが、「世々《々》杖刀人の首と為りて、奉事来り、今に至る。獲加多支鹵《わかたけるる》大王の寺、斯鬼《しき》宮に在る時、吾、治天下を左《たす》け」とあることを考えれば、王者に近侍した護衛官の長、いわば近衛将軍に当たると考えてよいでしょう。

第五の要点は、語順は明らかに漢文の並びですが、漢文として読みやすい点にあります。

そこで、私は、稲荷山古墳出土鉄剣銘文の文体を「やさしい漢文」と呼んでいます。同時代の江田船山古墳出土鉄刀銘文から七世紀末までの多くの金石文で使われた文体です。

五世紀後半、文字をもたなかった列島社会の人々が「やさしい漢文」という形で自らのことばを書き表す文字の体系を生み出し始めたことを重視したいと思います。

国家誕生の歴史と言うと、政治史や王権史を中心にとらえがちですが、《話す・聞く》だけでなく《読む・書く》がそろった言語宇宙としての国語をいかに生み出していったかも、国民形成にとってきわめて重要な課題です。

鉄剣銘文に戻れば、大王に近侍し、倭王の「治天下」を「左」けたと刻んだ刀をもって、乎獲《をわ》居臣《け》が東国の地に葬られたことは、倭王・武が宋・順帝の昇明二（四七八）年に提出した上表文中の「東征毛人五十五国」の文言を思い出させます。

倭王・武の上表文は見事な駢文《べんぶん》です。起承転結がはっきりとしています。父祖の功業から筆を起し、承けて高句麗南下に対する父王（亡考・済）の無念と父兄の相次ぐ死を述べ、高句麗を摧《くじ》いて父兄の志を遂げたいと転じ、それを遂行するにふさわしい官爵を賜わりたいと結んでいます。「東征毛人五十五国」の文言は起の部分に記されています。多くの方が御存知の文です。

封国偏遠、作藩于外。自昔祖禰、躬擐甲冑、山川跋渉、不遑寧処。東征毛人五十五国、西服衆夷六十六国、渡平海北九十五国。

次のように読み下せます。

封国は偏遠にして藩を外に作《な》す。自昔祖禰《そでい》、躬《みづか》ら甲冑を擐《つらぬ》き、山川を跋渉《ばっしょう》して寧処《ねいしょ》に遑《いとま》あらず。東は毛人を征すること五十五国、西は衆夷を服《したが》へること六十六国、渡りて海北を平らぐること九十五国。

「自昔」に振り仮名を振らなかったのには理由があります。通説は「昔より」ですが、福永光司が「自昔《そのかみ》」と読んでいることが気になっているからです。(4)生前、その理由をお尋ねしなかったのですが、福永に薦められた中国製の辞書『辞海』の「王父称祖」の項に「生称父、死称考、入廟称禰」と書かれていることに気づきました。「祖禰」は、祖先一般でも、「祖なる禰」でもなく、亡くなり祀られた父王つまり「亡考・済」を指す可能性が大きいということです。それが、福永が「自昔」を「そのかみ」と読まれた根拠ではなかったかと推測されます。

倭王・武は、承・転の部分において、父兄、特に父王・済の志と無念を強く語っています。「躬《みづか》ら甲冑を擐《つらぬ》き」、休む暇もなく「東征毛人五十五国、西服衆夷六十六国、渡平海北九十五国」を行った主体は父王・済だったと考えてもよいのではないでしょうか。

倭王・済と、その世子《せいし》（正式な跡継ぎ）・興と、弟王・武について、『宋書』は次のように記しています。読み下しで示しましょう。武の上表文につながる直前の記述です。

（宋・文帝の元嘉）二十年、倭国王・済、遣使奉献す。復《また》以て安東将軍倭国王と為す。二十八年、使持節都督倭新羅任那加羅秦韓慕韓六国諸軍事を加ふ。安東将軍は故《もと》の如し。并せて上《あぐ》るところの二十三人を軍郡に除す。済死し、世子・興、遣使貢献す。世祖の大明六年、詔して曰く「倭王の世子・興、奕世《えきせい＝外垣》に忠を載《の》せ、藩を外海に作《な》す。化《中華の感化》を稟《う》けて境《辺境》を寧《やす》んじ、恭《うやうや》しく貢職を修む。新たに辺業を嗣《つ》ぐ。宜しく爵号を授け安東将軍倭国王とすべし。」興死し弟の武立つ。白ら使持節都督倭百濟新羅任那加羅秦韓慕韓七国諸軍事安東大将軍倭国王と称す。

元嘉二十年は西暦四四三年、世祖の大明六年は四六二年です。この間が済王の治世です。安東将軍は、宋王朝の官職表では第三品《ぴん》下に当たります。同時代の高句麗（第二品《ひん》の征東大将軍・車騎大将軍）・百済（第三品上の鎮東将軍）よりは下位ですが、息子を正式な後継者「世子」と認められるなど、倭王権が権力集中を高めていたことがうかがえます。

『宋書』によれば、前王・珍も、宋王朝から安東将軍を与えられるとともに、倭隋（生没年不詳）ら一三人に平西・征虜・冠軍・輔国の将軍号を与えられるよう求め、許されています。これらの将軍号は安東将軍と同格の第三品下でした。それに比べて、済王を通して宋朝から叙された二三人は「軍郡」と書かれるばかりです。済王の突出性は高まっていました。「世子」の確立とあわせ考えると、王権を支える王族・貴族の「国家」的組織化、「治天下大王」を自称しうる基盤は、着実に作られていたと見られます。

『宋書』の記載と稲荷山古墳出土鉄剣の銘文とを直結するには慎重でなければなりませんが、武をもって倭王に近侍した乎獲居臣と、その父祖も、倭王の王権確立、倭国の「国家」化に大きく寄与したという自負があったと考えられます。それが「治天下」を「左《たす》」けたという表現でしょう。

毛人と東国――浮かび上がる上毛野君とその一族

二つ目の問題が浮かびます。「毛人」とは何者で、どこにいるのか、毛人と東国の関係はいかなるものだったのかという問題です。

「毛人」という文言は、中国史書には二カ所しか出てきません。

この「東征毛人五十五国」と『旧唐書』東夷伝日本の条です。日本国改名事情に続く日本の主張として、「その国の界《さかい》、東西南北、各《おのおの》数千里。西の界・南の界は咸《みな》大海に至る。東の界・北の界は大山有りて限りとなし、山外即《すなは》ち毛人之国」と記されています。

『宋書』と『旧唐書』では、対象期間の差が二百年以上ありますが、「毛人（之国）」が指す範囲はほぼ同一と見られます。倭国ないし日本国の力が持続的・安定的には及んでいなかった東

（北）の山外の地です。他の中国史書には「毛人（之国）」という文言はありません。「毛人」は日本側から持ち出された文言である可能性が大きいと考えられます。

しかし、前提となる文言が、中国文献にありました。『山海経《せんがいきょう》』と『淮南子《えなんじ》』です。いずれも荒唐無稽な伝説が多く、扱いの難しい書籍ですが、古代中国人の地理観・世界観を示しています。そこに「毛民之国…為人《ひととなり》身に毛を生ず」（『山海経』海外東経）、「東南より東北に至る方、大人国、君子国、黒歯国、玄股民、毛民、労民」（『淮南子』墜形訓）とあります。

「毛民」は、中華の文明が及ばざる東方に住む人々で、毛深さが表象とされていました。そうした人々が本当に存在したかはともかく、古代中国人の世界観の中にあった存在です。

『淮南子』は、前漢・武帝の頃、淮南《わいなん》王劉安（紀元前一七九～一二二年）が編纂させた書物です。倭王・武が上表文を提出する六百年以上も前の書物です。倭王・武の宮廷に『淮南子』が入っていたとは断言できませんが、[5]倭王・武の上表文は、『春秋左氏伝』などの中国古典を踏まえて書かれています。『山海経』あるいは『淮南子』の「毛民」の存在を知っていたと考えてよいでしょう。「毛人」は、そこから作り出された文言と見られます。

興味深いのは『淮南子』の表現です。毛民の前に大人国・君子国という存在が書かれています。倭王・武の宮廷は、自らを「大人国」ないし「君子国」になぞらえていた可能性があります。「東夷」ではあるけれども、十分に中華文明を吸収・体現している、あるいは体現しようとしているという意識です。

自らの統治を「治天下」、自らの地位を高句麗王・百済王と並ぶ「大王」と自負する意識につながったと見られます。

三重の婇《うねめ》が歌ったとされる天語歌《あまがたりうた》（『古事記』雄略天皇段）が示す天《あめ》・東《あづま》・夷《ひな》の三層の入れ子構造から、毛人＝夷《ひな》、とくに蝦夷と捉えるのが論理的です。『日本書紀』『続日本紀』などに見られる「毛人」が、等しく「えみし」と読まれていることからも裏付けられます。

しかし、『古事記』『万葉集』には「毛人」用例はありません。『日本書紀』の「毛人」用例もたったの一例です。それも注記です。[6]『続日本紀』や『上宮聖徳法王帝説』、金石文（小野毛人《おののえみし》墓誌〈崇道神社出土・京都国立博物館保管〉）での「毛人」用例はすべて「えみし」という人名の表現で使われています。[7]

地域集団としての蝦夷を毛人と書いた例は、賦役令《ぶえきりょう》辺遠国の条の注記の中だけです。[8]それだけに、倭王・武段階の毛人と地域集団としての蝦夷とを直結することには慎重でなければなりませんが、毛人は蝦夷を指すと考えてよいでしょう。

『日本書紀』に載せられた上毛野《かみつけの》君《きみ》祖先伝承は、そのことをいっそう明確に記しています。長文となりますが、引用しておきましょう。

① 景行天皇五十六年八月の条

（上毛野君・下毛野君の始祖・豊城入彦命《とよきいりひこのみこと》の三世孫《曽孫＝ひまご》）御諸別王《みもろわけのみこ》に詔して曰はく「汝《いまし》が父《かぞ》、彦狭《ひこさ》嶋王《しまのみこ》、任所《ことよさすところ》に向《まか》ることを得ずして早く薨《みまか》りぬ。故《かれ》、汝、専《たうめ》東国《あづまのくに》を領《をさ》めよ」とのたまふ。是を以て、御諸別王、天皇の命《おほみこと》を承りて、まさに父の業《ついで》を成さむとす。則ち行きて治めて早《すみやか》に善き政《まつりごと》を得つ。時に蝦夷《えみし》騒き動《とよ》む。即ち兵《いくさ》を挙げて撃つ。時に蝦夷の首帥《ひとごのかみ》足振辺《あしふりべ》・大羽振辺《おほはふりべ》・遠津闇男辺《とほつくらをべ》ら、叩頭《の》みて来り。頓首《をが》みて罪を受《うべな》ひて尽《ふつく》に其の地を献る。因《よ》りて降《したが》ふ者を免《ゆる》し、服《まつろ》はざるを誅《つみな》ふ。是を以て東《ひむがしのかた》久しく事無し。是に由《よ》りて、その子孫《うみのこ》、今に東国に有り。

② **仁徳天皇五十五年の条**

蝦夷叛けり。(上毛野君の祖《おや》〈五世孫〉・竹葉瀬《たかはせ》が弟)田道《たぢ》を遣して撃たしむ。則ち蝦夷の為に敗《う》たれて伊峙水門《いしのみなと》(9)に死《みう》せぬ。時に従者《つかひびと》有りて、田道の手纏《たまき》を取り得て、その妻《田道のめ》に与ふ(そのとき、従者がいて、田道が手に巻いていた玉を取り、妻に届けた)。乃ち手纏を抱きて縊《わな》き死ぬ。時人、聞きて流涕《かなし》ぶ。是の後、蝦夷亦《また》襲ひて人民《おほみたから》を略《かす》む。因りて田道が墓を掘る。則ち大蛇《おろち》有りて目を発瞋《いから》して墓より出でて咋《く》ふ。蝦夷悉《ことごとく》に蛇の毒《あしきいき》を被《かうぶ》りて多《さは》に死亡《し》ぬ。唯一二人免《まぬか》ることを得つらくのみ。故、時人の云はく「田道、既に亡にたりと雖も、遂に讎《あた》を報《むく》ゆ。何ぞ死にたる人の知《さとり》無からむや(どうして死んだ人に知覚がないと言えようか)」といふ。

③ **舒明天皇九年三月の条**

蝦夷叛きて朝《まう》でず。即ち大仁《だいにん》上毛野君形名《かたな》を拝《め》して将軍《いくさのきみ》として討たしむ。還りて蝦夷の為に敗たれて走《に》げて壘《そこ》（＝城塁）に入る。遂に賊《あた》の為に囲《かこ》まる。軍衆《いくさのひとども》悉に漏《う》せて城空《きむな》し。将軍迷ひて所如《せむすべ》を知らず（途方に暮れた）。時に日暮れぬ。垣を踰えて逃げむとす。爰に方名君《かたなのきみ》の妻《め》、歎きて曰はく「慷哉《うれたきかな》（なげかわしい！）、蝦夷の為に殺されむとすること」といふ。則ち夫《をふと》に謂《かた》りて曰く「汝《いまし》が祖等《おやたち》、蒼海《あをうなはら》を渡り万里《とほきみち》を跨《あふどこ》びて水表《をちかた》の政《まつりごと》を平《ことむ》けて、威武《かしこきたけき》を以て後葉《のちのよ》に伝へたり。今、汝、頓《ひたぶる》に先祖《おや》の名を屈《くじ》かば、必ず後世《のちのよ》に嗤《わら》われなむ」といふ。乃ち酒を酌みて強ひて夫に飲ましむ。而《しかう》して親ら夫の剣《つるぎ》を佩《は》き、十の弓を張りて、女人《めのこ》数十《とをあまり》に令《のりごと》して弦を鳴さしむ（自ら夫の剣をはき、十の弓を張って、数十人の女にその弦を鳴らせた）。既にして夫、更に起ちて仗《つはもの》を取りて進む。蝦夷以為《おも》はく、軍衆猶し多《さは》なりと以為《おもひ》て稍《やうやく》に引きて退く。是に散《あら》けたる卒《いくさ》更に聚ひて亦振旅《またいくさととの》ふ。蝦夷を撃ちて大きに敗りて悉に虜《とりこ》にす。

いずれも、下手な現代語訳をするよりも声に出して読んだ方が、語るところの光景が浮かび上がってきます。話の展開も重なり合っています。

東国《あづまのくに》は「夷《ひな》（蝦夷）」との境界という独特な位置にあって、蝦夷に苦戦しつつも、天《あめ》（倭国王の第一義的天下）の王族・貴族の派遣・定住をもって天との同質性を高め、地域の安定を図ったという展開です。そして、その主要な担い手こそ上毛野君とその祖先たちだということが繰り返し語られます。

その一方で、話としての完成度が高く、叙事詩あるいは朗読劇の感を与えることも事実ですが、推古天皇十一（六〇三）年に定められた冠位第三階「大仁《だいにん》（正五位相当）」を帯びる上毛野君形名夫妻の話（舒明天皇九〈六三〇〉年三月の条）には史実の裏付けがありそうです。とくに注目されるのは形名の妻の語る祖先伝承の内容です。

上毛野君形名《かみつけののきみかたな》の妻が語る「水表の政」

蝦夷との戦いに敗れて壘《そこ＝砦》（城塁）に逃げ込み慄《おのの》いている形名を、彼の妻は叱咤しました。

「慷哉《うれたきかな》、蝦夷の為に殺されむとすること。…汝《いまし》が祖等《おやたち》、蒼海《あをうなはら》を渡り万里《とほきみち》を跨《あふど》びて水表《をちかた》の政《まつりごと》を平《こと》けて、威武《かしこきたけき》を以て後葉《のちのよ》に伝へたり。今、汝《いまし》、頓《ひたぶる》に先祖《おや》の名を屈《くじ》かば、必ず後世《のちのよ》に嗤《わら》われなむ。」

蝦夷との戦いにあって、かつてこうだったと訴えているのではありません。叱咤の根拠は、蒼海《あをうなはら》を渡って水表《をちかた》の政《まつりごと》で活躍した父祖たちのありようでした。

「水表《海表》之（軍）政」という表現は「はじめに」で紹介した『日本書紀』天智天皇即位前紀と、（藤原朝臣）鎌足・貞慧《じょうえ》・武智麻呂《むちまろ》の伝記『藤氏家伝《とうしかでん》』上巻・鎌足伝に二例見られます。『藤氏家伝』では、斉明天皇が百済救援のため王族・貴族を引き連れて筑紫・朝倉宮に遷ったことを「夏五月遷居于朝倉橘広庭宮以聴海表之政」と記し、斉明天皇崩御後「素服称制」した中大兄皇子について「皇太子遷居于長津宮猶聴水表之軍政」と書いています。

辛酉年、六六一年の倭国危急存亡のときのことです。「水表《海表》」は一般名詞としては海外ですが、天智天皇即位前紀も『藤氏家伝』も、上毛野君形名の妻の檄も、朝鮮半島での出来事を指しています。

東国に展開し、令制国名「上毛野《かみつけの》」を氏《うぢ》の名とする上毛野君が、危急存亡に際して、なぜ水表（朝鮮半島）での活躍を祖先伝承の核として語るのでしょうか。

思い起こされることが三つあります。

第一は、上毛野君と始祖を同じくすると称する氏族（「上毛野君同祖氏族」と呼びたいと思います）のなかに、自ら渡来系と称する氏族が、少なからず存在することです。『続日本紀』天平勝宝二（七五〇）年三月十日の条に上毛野朝臣の姓《かばね》を与えられたと記される田辺史《たなべのふひと》らの集団です。出自・身分秩序に厳しい古代社会において、渡来系を自他ともに認めながら、天皇やその皇子を始祖とすることが認められるということは、きわめて珍しいことです。

第二は、上毛野君は、『日本書紀』にいくつかの朝鮮派遣伝承と派遣の記録を載せていることです。

田道《たぢ》伝承もそうでしたが、田道の親の世代と伝わる荒田別《あらたわけ》らは、神功皇后摂政四十九～五十年の条と応神天皇十五年の条に、百済との関係で、きわめて重要な話を伝えています。史実の記録でも、天智天皇二（六六三）年三月編制、派遣された百済救援軍の前将軍は上毛野君稚子《わくご・わかこ》でした[10]。

第三は、上毛野国に、朝鮮・中国と直接的に結びつく遺物が少なくないことです。前章で紹介した綿貫観音山古墳出土の銅水瓶や八幡《やわた》観音塚古墳出土の金銅製托杯などは、象徴的な優品です。綿貫観音山古墳からは獣帯鏡と呼ばれる百済武寧王陵出土鏡との同型鏡も出ています。

上毛野君同祖氏族については、その名に引かれて、上毛野あるいは東国だけで考えがちですが、朝鮮半島などとの深い関わりをもつことを意識する必要があります。掘り下げてみましょう。

氏族名鑑『新撰姓氏録』には三八カ所にわたって上毛野君同祖氏族の名が見えています。記載順に記せば次の通りです。「皇別」とはある天皇やその皇子を始祖とする氏族、「諸蕃」とは渡来系の氏族、「雑姓《ざっしょう》」とは皇別・神別（皇祖神や天皇に仕えてきたという伝承を持つ氏族）・諸蕃を確定できなかった氏族です。

左京皇別下
下毛野朝臣、上毛野朝臣、池田朝臣、住吉《すみのえ》朝臣、池原朝臣、上毛野坂本朝臣、車持公《くるまもちのきみ》、大《おほ》網公《よさみきみ》、桑原公、川合公、垂水史《たるみのふひと》、商長首《あきおさのおびと》、吉弥侯部《きみこべ》

右京皇別上
上毛野朝臣、佐味《さみ》朝臣、大野朝臣、垂水公《たるみのきみ》、田辺史《たなべのふひと》、佐自努《さじの》公

大和国皇別
下養公《しもかひ》、広来津《ひろきつ》公

摂津国皇別

韓矢田部造《からやたべのみやつこ》、車持公

河内国皇別

広来津公（尋来津君・尋来津公）、止美連《とみのむらじ》、村挙首《むらこそのおびと》

和泉国皇別

佐代公《さじろ》、珍県主《ちぬのあがたぬし》、登美首《とみ》、葛原部《ふぢはらべ》、茨木造《うばらきのみやつこ》、丹比部《たじひべ》、軽部《かるべ》（君）

右京諸蕃上

田辺史

未定雑姓摂津国

我孫《あびこ》

未定雑姓河内国

佐自努公、伊気《いけ》

未定雑姓和泉国

我孫公

その、あまりの多さに驚かれたかもしれませんが、これらの氏族は、『新撰姓氏録』に記された系譜主張から、三つの集団に分けられます。

第一の集団は、東国六腹朝臣《あづまのくにむつはらのあそみ》と呼ばれる、最高の貴族の姓《かばね》「朝臣《あそみ》」を帯びる上毛野・下毛

野・車持・佐味・大野・池田を核とする貴族・官人集団です。その名の通り、東国にそれぞれの基盤をもっていたと考えられます。

第二の集団は、豊城入彦命五世孫「多奇波世《たかはせ》君の後」を称する、田辺史を中心とする渡来系の集団です。

第三の集団は、摂津・河内・和泉の皇別・雑姓に集中して見られる氏族群です。見過ごされがちですが、大阪湾沿岸に勢力を張り続けました。

上毛野君同祖氏族は、なぜ渡来系集団を含むのでしょうか。大阪湾沿岸地帯に勢力を張り続けたのでしょうか。

そこに、東国と倭王権、あるいは日本国家との関係が濃縮した形で横たわっています。

上毛野君始祖伝承と交差する渡来人の影

渡来系集団の内実から考えてみましょう。系譜伝承が『新撰姓氏録』に記されています。

左京皇別下・上毛野朝臣（田辺史）

下毛野朝臣同祖。豊城入彦命五世孫多奇波世君の後なり。大泊瀬幼武天皇諡雄略の御世、努賀《のが》君《きみ》の男《むすこ》、百尊《はくそん》、阿女《あめ》の産のために聟の家に向かふ。夜を犯して帰る。応神天皇の御陵《みささぎ》の辺において騎馬の人に逢ひ相共に話し語らふ。馬を換へて別る。明日《あくるひ》、換へし馬を看るに、これ土馬《はにま》なり。よりて姓陵辺君《はかべのきみ》を負ふ。百尊の男、徳尊《とくそん》の孫、斯羅《しら》、諡《おくりな》皇極の御世、河内の山下田を賜ふ。文書を解するをもて田辺史《たなべのふひと》となす。宝字称徳孝謙皇帝、天平勝宝二（七五〇）年、改めて上毛野公《かみつけののきみ》を賜ふ。今上弘仁元（八一〇）年、改めて朝臣《あそみ》の姓を賜ふ。続日本紀合。

住吉《すみのえ》朝臣

上毛野（朝臣）同祖。豊城入彦命五世孫多奇波世君の後なり。（続）日本紀賜姓に合。続日本紀に依る。

池原朝臣

住吉同氏。多奇波世君の後なり。

商長首《あきおさのおびと》

上毛野（朝臣）同祖。多奇波世君の後なり。三世の孫、久比《くひ》、泊瀬部天皇諡崇峻の御世、呉国に遣はされ、雑宝物などを天皇に献ず。その中に呉権あり。天皇、この物を勅《き》く。久比、奏して曰く、呉国、もって万物を懸け定めて交易をなさしむ。その名を波賀理《はかり》といふ。天皇、勅すらく、他人と同ぜしむることなかれ（他人に司らしむることなかれ）と。久比の男、宗麿、舒明天皇の御世、商長《あきおさ》の姓を負ふ。日本紀漏。

一見して分かるように、この集団は、豊城入彦命五世孫「多奇波世君」を祖としています。「多奇波世」は「たかはせ」と読みます。

「奇」を「か」と読む読み方は特殊です。『新撰姓氏録』編纂時点はもとより、『日本書紀』編纂当時でも、採用されていません。いまのところ、藤原宮（六九四〜七一〇）出土木簡にも見られません。「多奇波世君」以外の確実な用例は、『百済本記』、もしくは、『百済本記』に基づいて文をなした『日本書紀』欽明天皇の条に集中して見られます。他には、『上宮聖徳法王帝説』に引用された「天寿国繡帳《しゅうちょう》」（推定六二二年成立・残片が中宮寺に残ります）の銘文に「巷奇（そが＝蘇我）」とあります。「か」あるいは「が」に「奇」の字をあてる用字法は、七世紀半ばを下らない古い特殊な借音漢字用例と考えてよいでしょう。

「多奇波世君の後」と記す系譜伝承は古いということです。

『新撰姓氏録』に戻れば、田辺史を右京諸蕃上にも載せ、「田辺史、漢王の後、知惣より出づるなり」と書いています。田辺史は、中国系ではなく百済系と考えられますが、渡来系氏族とみなされていたことは明らかです。

田辺史が渡来系であったことは、『新撰姓氏録』成立（八一五年）に前後する『日本書紀弘仁私記』（八一九年）記載の「諸蕃雑姓記註」にも明らかです。

田辺史・上毛野公・池原朝臣・住吉朝臣らの祖、思須美《しすみ》・和徳《わとく》両人、大鷦鷯天皇《おほさざきのすめらみこと》（仁徳天皇）御宇《あめのしたしらしめしし》年、百済国より化来す。しかして言ふに、おのれらの祖、これ、貴国（日本）将軍上野公竹合なりてえり（と言えり）。天皇、矜憐して彼の族（上毛野君同祖氏族）に混づ。しかして、この書に諸蕃人（渡来系氏族）といふなり。

「竹」を「たか」の借訓とすることは、古代史料に共通しています。「上野公竹合」の「竹合」は「たかはせ」と読めます。『日本書紀』仁徳天皇五十五年の条に田道の兄と書かれ、新羅に派遣された「竹葉瀬《たかはせ》」と一致します。「多奇波世《たかはせ》君」のことを指すことは明らかです。

なぜ渡来系氏族である田辺史は、上毛野君同祖氏族とされたのでしょうか。

直接の契機は、対蝦夷政策における出羽国守田辺史難波《なには》の功績です。『続日本紀』天平勝宝二年（七五〇）三月十日の条は、次のように記しています。

中衛員外少将従五位下田辺史難波ら、に上毛野君の姓を賜ふ。

この賜姓記事には、いくつかの注目すべき点があります。

第一に、田辺史難波ら、に上毛野君の姓が与えられています。『大日本古文書』によれば、少なくとも秋上・真人・家継・広浜・禾守《のぎもり》の五人に難波と同時に上毛野君が与えられた徴候が認められます。上毛野君賜姓問題は、難波個人の問題に還元できない、氏族としての根の深さを持っていました。

第二に、上毛野君を賜姓された一人である禾守が、わずか五年後の天平勝宝七（七五五）年の二月から三月にかけて池原君を名のり出し（『大日本古文書』）、池原公綱主は、上毛野公（君）の上毛野朝臣への改姓より二〇年近くも早い延暦十（七九一）年に住吉朝臣を要求してそれを得ていることです。

『続日本紀』延暦十年四月五日の条は次のように記しています。

近衛将監従五位下兼常陸大掾池原公綱主ら言す。池原・上毛野、二氏の先（＝先祖）は豊城入彦命（崇神天皇の皇子。父に命じられて東国を治めたと伝えられる）より出たり、その入彦の子孫、東国六腹朝臣は、各《おのおの》居地によって姓を賜ひ氏を命ず。かくは古今同じき所にして百王不易なり、伏して望むらくは、居地の名によって住吉朝臣を蒙り賜はんと。綱主兄弟二人に勅して、請に依り賜ふ。

田辺史難波らに対する上毛野君同祖の承認は第一歩に過ぎず、居地に基づく氏と貴族身分「朝臣」の獲得が本来的な目標でした。

第三に、七〜八世紀代において、東国六腹朝臣と田辺史らの間に新たな顕著な姻戚関係が認められないことです。にもかかわらず、両者の間には深い関係があるという共通認識があったことは、かなり古い時期から、渡来系集団が上毛野君同祖氏族の中に含まれていたことを意味します。その根拠が「多奇波世君の後」にあることは明らかです。

問題は、系譜の信憑性と渡来時期です。いささか煩瑣《はんさ》になりますが、系譜の信憑性と渡来時期を史料の中に検証していきましょう。しばらく検証にお付き合いください。

田辺史は、『日本書紀』雄略天皇九年七月朔の条に、『新撰姓氏録』左京皇別下・上毛野朝臣の条とよく似た祖先伝承を載せています。

河内国言さく。「飛鳥戸《あすかべ》郡の人、田辺史伯孫《はくそん》が女は古市《ふるいち》郡の人、書首《ふみのおびと》加龍《かりょう》が妻なり。伯孫、女、児産せりと聞きて、往きて聟の家を賀《よろこ》びて月夜に還りぬ。蓬蔂丘《いちびこのをか》の誉田陵《ほむたのみささぎ》の下に（蓬蔂、此をば伊致寐姑《いちびこ》と云、）赤駿《あかきときうま》に騎れる者《ひと》に逢ふ。その馬、時に濩略《もこよか》にして（蛇のようにうねりながら行き）龍のごとくに翥《と》ぶ（龍のように駆けた）。欻《あかしま》に聳《たか》く擢《ぬけい》で鴻《かり》のごとくに驚く（急に高く跳び上がって鴻のようにすばやい）。異《あや》しき体蓬《かたちかと》く生《な》りて、殊なる相逸《かたちすぐ》れて発《た》てり。伯孫、就《ちかつ》き視て、心に欲《ほり》す。すなはち乗れる驄馬《みだらをのうま》に鞭ちて頭《かしら》を斉しくし轡《くち》を並ぶ。爾《しかう》してすなはち赤駿《あかうま》、超《こえの》びて攄《ぬけ》で絶えたること埃塵《くものみちちりのみち》にみえ、駆《はし》り騖《さきだ》つ迅滅《ときかたちほるもか》にして没《う》せぬ。是に、驄馬《みだらをのうま》、後れて怠足《おそ》くして、復追ふべからず。その駿《ときうま》に乗れる者《ひと》、伯孫の所欲《ねがひ》を知りて、よりて停めて馬を換へて、相辞《あいさ》り取別《わかれは》てぬ。伯孫、駿を得て甚だ歓び、驟《をどら》して厩《うまや》に入る。鞍を解《おろ》して馬に秣《まぐかさ》ひて眠《ね》ぬ。その明旦《くるつあした》に、赤駿、変りて土馬《はにま》になれり。伯孫、心に異《あや》しびて、還りて誉田陵を覓《もと》むるに、すなはち驄馬《みだらをのうま》の間《なか》に在るを見る。取りて代へて、換りし土馬を置く」とまうす。

『文選《もんぜん》』「赭白馬賦《ちょはくばふ》」による文飾がありますが、文脈の骨子は『新撰姓氏録』の記載と同じです。主人公は田辺史伯孫（百尊）、舞台は応神天皇陵とされる誉田陵（大阪府羽曳野《はびきの》市の誉田御廟山古《こんだごびょうやま》墳）のあたり、時代は雄略朝、誉田陵の馬形埴輪との換馬伝承となっています。

この二つの記載と『続日本紀』天平勝宝二年三月の条の記事を重ね合わせると、田辺史に関して、次のことがわかります。

① 換馬伝承を基とした陵辺君《はかべのきみ》から、田辺史→上毛野君→上毛野朝臣と、氏姓を改められた。

② 河内国飛鳥部郡あたりに本拠地を持ち、百済系として著明な渡来氏族・書《ふみの》首《おびと》（西《かはちの》文《ふみ》氏）との姻戚関係をもっていた。

問題は、彼らが、五世紀後半と考えられる雄略朝に渡来、定着していたかどうかです。伯孫《百尊》の曽孫《ひまご》・斯羅を皇極朝（六四二～六四五）の人、呉権《はかり》を持ち帰った久比を崇峻朝（五八八～五九二）の人、商長首《あきおさのおびと》の氏姓を賜わった宗麿を舒明朝（六二八～六四一）の人としていることが判断の手がかりとなります。商長首の初代をXとすれば、田辺史と商長首との系譜は図のように整理されます（図2の右）。

もう一つの手がかりがあります。河内国皇別に載せられた止美連《とみのむらじ》の系譜伝承です。

止美連

尋来津公《ひろきつのきみ》同祖。豊城入彦命の後なり。四世の孫、荒田別命の男、田道公《たぢのきみ》、百済国に遣はされ、止美邑の呉女《くれめ》を娶り男持君を生む。三世の孫、熊次《くまなり》、新羅ら、欽明天皇の御世、参来《まいきた》る。新羅の男、吉雄、居に依り、姓、止美連を賜ふ。日本紀漏。

『日本書紀』仁徳天皇五十五年の条に、蝦夷との戦いに敗死したと記される田道が、百済に派遣された際[11]、そこで男持君なる子をもうけ、その三世孫が六世紀半ばの欽明朝に渡来、定着した

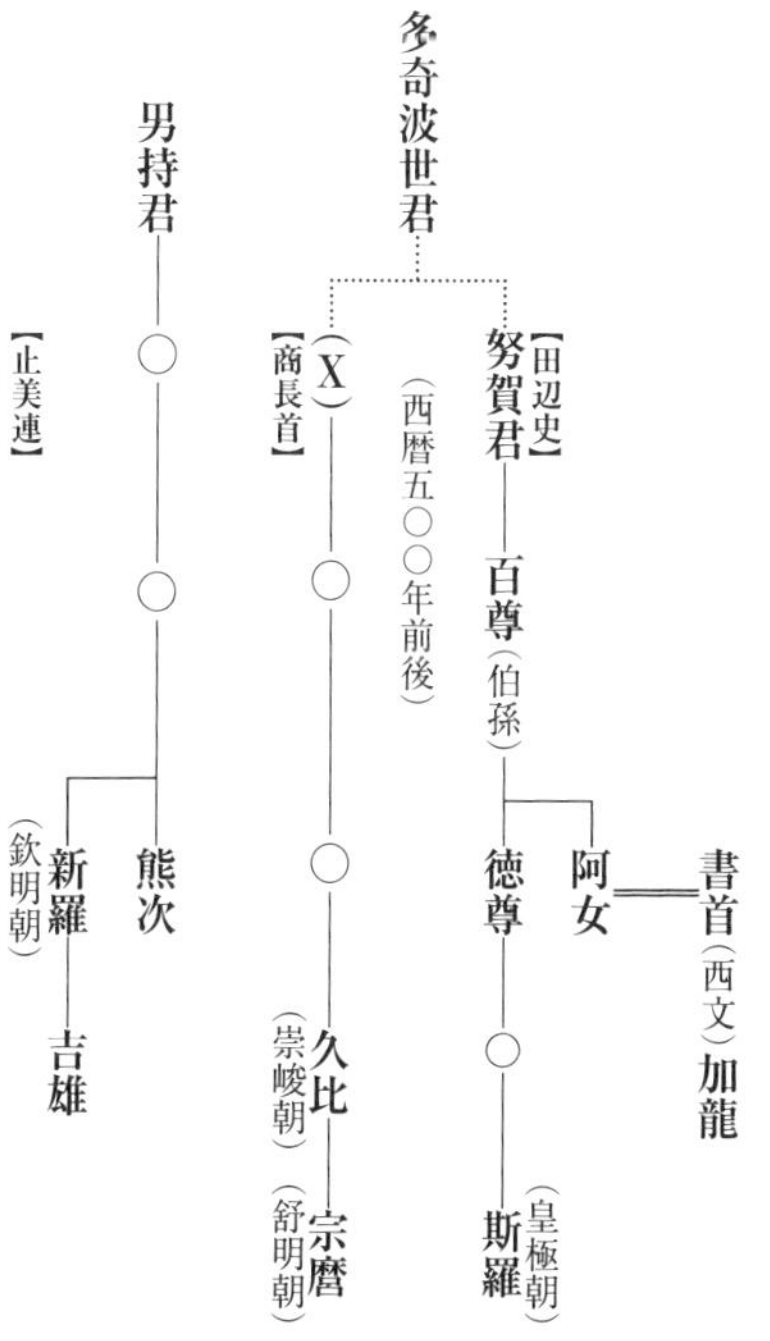

図２　多奇波世君と男持君の系図

という系譜伝承です。

男持君は、田辺史の祖・努賀《のが》君と同世代、同じような出生の人物と見られます。注目したいのは「男持君」という表現です。「たぢ君」と読めます。系譜伝承では、田道公は男持君の父とされますが、竹葉瀬が多奇波世から作り出されたように、田道は男持から作り出されたと考えられます。

止美連の系譜伝承まで広げた系図を復元すると、前ページのようになります（図２）。

このように推定すると、伯孫《百尊》が雄略朝には倭国にあって娘を嫁がせていたと考えるのは、いささか無理があります。田辺史、商長首、止美連、彼らの始祖の倭国渡来・定着は、西暦五〇〇年前後と見るのが合理的ではないでしょうか[12]。

努賀君・男持君らが、倭国将軍多奇波世《竹葉瀬・竹合》らの子として朝鮮半島で生を享けたのは、五世紀の半ばから後半ではなかったでしょうか。倭王・武が「東征毛人五十五国、西服衆夷六十六国、渡平海北九十五国」と記した祖禰（亡考・済）や、武王自身の時代に重なります。

五世紀という時代は、倭国において王権が強化されるとともに、高句麗の南下政策による百済の一時滅亡（四七五年）をはさんで、百済の倭国に対する働きかけが強まり、倭国も百済との関係を強化していった時代でした。

『日本書紀』や『新撰姓氏録』の記載通りではなかったにせよ、上毛野君同祖氏族の祖先たちが、五世紀代の朝鮮半島の軍事に関わり、西暦五〇〇年前後に、その後裔と称する人々が、かなりの規模で日本列島に渡来し定着したことは否定できないと考えられます。

文化・経済面でも朝鮮半島と深いつながり

さらに商長首の祖先伝承に見られるように、上毛野君同祖氏族の祖先たちは、軍事面だけでなく、朝鮮半島と日本列島をつなぐ文化や経済の面でも大きな足跡を残したと見られます。顕著な伝承が『日本書紀』応神天皇十五～十六年の条に記されている伝承です。

十五年の秋八月の朔丁卯《ひのとう》の日に、百済の王《こきし》、阿直伎《あちき》を遣して良馬二匹を貢る。即ち軽《かる》の坂上《さかのうへ》の厩《うまや》に養はしむ。因りて阿直伎を以《も》て掌《つかさど》り飼《か》はしむ。故、その馬養ひし処を号けて厩坂《うまやさか》と曰ふ。阿直伎、亦《また》能《よ》く経典《ふみ》を読めり。即ち太子《ひつぎのみこ》菟道稚郎子《うぢのわきいらつこ》の師《みふみよみ》としたまふ。ここに天皇、阿直伎に問ひて曰はく、「如《も》し汝《いまし》に勝《まさ》れる博士《ふみよみひと》、また有りや」とのたまふ。対へて曰さく、「王仁《わに》といふ者《ひと》有り。是秀《これすぐ》れたり」とまうす。時に上毛野君の祖、荒田別《あらたわけ》・巫別《かむなきわけ》を百済に遣して、仍《よ》りて王仁を徴《め》さしむ。それ阿直伎は阿直史《あちきのふひと》の始祖《はじめのおや》なり。
十六年の春二月に王仁来り。則ち太子菟道稚郎子の師としたまふ。諸の典籍《ふみ》を王仁に習ひたまふ。通り達《さと》らずといふことなし（諸典籍を王仁に習われ、通暁されないところがなかった）。所謂《いはゆる》王仁は、是れ、書首《ふみのおびと》らの始祖なり。

王仁という人物が倭国からの招きを受けて、倭国に本格的に中国古典をもたらしたという話は、貴族・官人層の共通認識でした(13)。招くにあたって派遣された使者が荒田別ら上毛野君同祖氏族の祖とされる人々であったことも広く認識されていました。証拠が『続日本紀』延暦九（七九〇）年七月十七日の条・十年四月八日の条です。

延暦九年七月十七日の条津連《つのむらじ》真道《まみち》らの上表文

真道らが本系は百済国貴須《きす》王（伝在位二一四〜二三四）より出《いで》たり。…近肖古《きんしょうこ》王（伝在位三四六〜三七五）に及んで、遥かに（天皇の）聖化を慕《したひ》て始めて貴国（倭国）に聘《め》せり。これ則《すなはち》、神功皇后摂政の年なり。その後、軽嶋豊明朝《かるしまのとよあかりのみかど》に御宇《あめのしたしろしめす》応神天皇、上毛野氏の遠祖、荒田別に命《みことのり》し、百済に使して有識の者を捜聘せしむ。国主貴須王（＝近仇首王、伝在位三七五〜三八四）、恭《つつし》んで使の旨を奉り、宗族を択採して、その孫、辰孫《しんそん》王一名智宗《ちそう》王を遣して使に随て入朝せしむ。天皇嘉《よみ》して、特に寵命を加て、以《も》て、皇太子の師となす。ここにおいて、始て書籍を伝て、大に儒風闡《ひら》けり。文教の興れること、誠にここにあり。

百済の王統譜や年代をそのまま信じるわけにはいきませんし、招かれたと伝わる人物も辰孫王（智宗王）と書かれていキすが、招聘のありようは王仁の場合と全く同じです。「上毛野氏の遠祖、荒田別」が使者とされたという点も同じです。

延暦十年四月八日の条の文《ふみの》忌寸《いみき》最弟《もおと》らの奏言

最弟ら言す。漢の高帝の後を鸞《らん》と曰ふ。鸞の後、王狗《おうく》、転じて百済に至れり。百済の久素《くす》王（貴須王＝近仇首王）の時、聖朝（倭国王）、使を遣して文人を徴《さが》し召く。久素王、すなはち、狗が孫、王仁をもて貢す。これ、文（忌寸）、武生《たけふの》（連《むらじ》）らの祖なりといふ。(14)

倭国（王）の招聘という形の始祖伝承を持つ渡来系氏族は少数です。賢人王仁の招聘は、倭国の支配層や知識階層にとって忘れえぬ「出来事」だったのでしょう。

東国を成り立たせた貴族たちの出自

賢人王仁の招聘や朝鮮半島での軍事に関わる一方で、特別な地域・東国を成り立たせるという大事業を担った氏族集団の出自は、どのようなものでしょうか。始祖とされる豊城入彦命《とよきいりひこのみこと》の伝承のなかに解明の糸口があります。

『日本書紀』崇神天皇四十八年の条

春正月己卯《つちのとう》朔戊子《十日》に、天皇、豊城命・活目尊《いくめのみこと》に勅して曰《のたま》はく「汝《いまし》ら二《ふたり》の皇子、慈愛《うつくしび》共に斉《ひと》し。二の皇子、是《ここ》知らず。曷《いづれ》をか嗣《ひつぎ》とせむ。各《おのおの》夢《いめ》みるべし。朕《われ》、夢を以て占へむ」とのたまふ。

に命《おほみこと》を被《うけたまは》りて浄沐《ゆかはあみゆする》して祈《の》みて（お祈りして）寝たり。各夢を得つ。会明《あけぼの》に、兄《このかみ》豊城命、夢の辞を以て天皇に奏して曰《まう》さく、「自《みづか》ら御諸山《みもろのやま》（三輪山）に登りて東《ひむがし》に向きて八廻弄槍《やたびほこゆけ》し八廻撃刀《たちかき》す（八回槍を突き出し、八回刀を振る）」とまうす。弟《おとと》活目尊、夢の辞を以て奏して言《まう》さく、「自ら御諸山の嶺に登りて、縄を四方《よも》に絚《は》へて粟を食《は》む雀を逐《や》る（粟を食べる雀を追い払う）」とまうす。則ち天皇相夢《ゆめのみあはせ》して、二の子《みこ》に謂《かた》りて曰はく、「兄は一片に東に向けり。当《まさ》に東国《あづまのくに》を治《し》らむ、弟は是悉《これあまね》く四方に臨めり。朕《わ》が位《たかみくら》に継《つ》げ」とのたまふ。四月戊申《つちのえさる》朔丙寅《十九日》に活目尊を立てて皇太子《ひつぎのみこ》としたまふ。豊城命を以て東国を治《をさ》めしむ。是《これ》上毛野君・下毛野君の始祖《はじめのおや》なり。

豊城命は兄だが、東だけを向いて武を示した夢を見たがゆえに、東国を治めることを命じられて上毛野君同祖氏族の祖となり、活目尊は弟だが、四方に臨んで農を守る夢を見たがゆえに王位を継いで、王家の祖のひとりとなったという伝承です。次のように整理されます。

豊城命―兄―一片向東―弄槍撃刀―当治東国
活目尊―弟―悉臨四方―逐食粟雀―宜継朕位

非常に鮮明な対比です。東国《あづまのくに》と朕位《王位》の対比は、天語歌の東《あづま》と天《あめ》の対比に対応しています。東国は特別な場所、上毛野君同祖氏族、わけても上毛野君・下毛野君は特別な存在と考えられていたことを示唆します。先に五十六年条は引用しましたが、改めて両年条を見ていきましょう。

しかし、伝承上からも、豊城命は東国に派遣されなかったようです。『日本書紀』景行天皇五十五・五十六年の条は、東国に派遣されて子孫が定着し始めたのは、三世孫・御諸別王《みもろわけのみこ》の時からと記しています。

『日本書紀』景行天皇五十五・五十六年の条

五十五年春二月戊子《つちのえね》朔壬辰《五日》に彦狭嶋王《ひこさしまのみこ》を以て東山道《やまのみち》十五国都督《かみ》に拝《ま》けたまふ。是豊城命《とよきのみこと》の孫《みま》なり。然《しか》うして春日穴咋邑《かすがあなくひのむら》に到りて病に臥して薨りぬ。是の時に東国百姓《あづまのくにのおほみたから》、かの王《みこ》の至らざることを悲びて竊《ひそか》に王の尸《かばね》を盗みて上野国《かみつけのくに》に葬《はぶ》りまつる。

五十六年秋八月、御諸別王《みもろわけのみこ》に詔して曰はく「汝《いまし》が父《かぞ》、彦狭嶋王、任所《ことよさすところ》に向ること得ずして早く薨《みまか》りぬ。故《かれ》、汝、専東国《たうめあづまのくに》を領《をさ》めよ（そこで、お前がもっぱら東国を治めよ）」とのたまふ。是を以て、御諸別王、天皇の命《おほみこと》を承りて、まさに父の業《ついで》を成さむとす。則《すなわ》ち行きて治めて早《すみやか》に善き政《まつりごと》を得つ。時に蝦夷《えみし》騒き動《とよ》む。即ち兵《いくさ》を挙げて撃つ。時に蝦夷の首帥《ひとごのかみ》足振辺《あしふりべ》・大羽振辺《おほはふりべ》・遠津闇男辺《とほつくらをべ》ら、叩《の》頭みて来り。頓首《をが》みて罪を受《うべな》ひて尽《ふつく》に其の地を献る（ぬかずいてやって来て、頭を地につけて罪を受け、その地をすべて献上した）。因《よ》りて降《したが》ふ者を免《ゆる》し、服《まつろ》はざるを誅《つみな》ふ。是を以て東《ひむがしのかた》久しく事無し。是に由《よ》りて、その子孫《うみのこ》、今に東国に有り。

彦狭嶋・御諸別父子の伝承には三つの注目すべき要点があります。

① 彼らが目指した地域は、上毛野（『日本書紀』原文では「上野」）を中心とするものの、「毛野」ではなく「東国」。

② 彼らは「東山道十五国都督」に任じられた。

③ 彼らの子孫は「今に東国に有り」。東国に定着・展開。

『日本書紀』において「都督」という文言は、この例以外では、天智天皇六（六六七）年十一月九日の条に「（唐の）百済鎮将劉仁願、熊津《ゆうしん》（くまなり）都督府熊山《ゆうせん》県令 上柱国《じょうちゅうこく》（唐勲位の最上位）司馬法聡らを遣して大山下《だいせんげ》（従六位相当）境部連石積《さかいべのむらじいはつみ》らを筑紫都督府に送る」とあるだけです。熊津都督府は滅亡させた百済の地に唐・新羅の連合軍が置いた軍政機関、筑紫都督府は後の大宰府です。都督府は、遠隔地に置かれ権限を委任された軍政拠点と考えられます。

さかのぼれば、「都督」は『宋書』夷蛮伝倭国の条に頻出し、倭王も叙爵されていました。ある地域における軍政を委任され、そのための機関（府）を開くことを意味します。

「東山道十五国」とありますから、伝承上とはいえ、彦狭嶋王・御諸別王は、かなりの広域に及ぶ権限を委任されたと推測されます。

『先代旧事本紀』国造本紀の上毛野国造の条「瑞籬《みづがき》（崇神）朝。皇子豊城入彦命孫彦狭嶋命初治平東方十二国為封」にも相通じる記載となっています。『先代旧事本紀』は、地域に関わる優勢氏族を一括して「定賜国造」と書く傾向があります。そのなかで、上毛野国造の条に関してのみ、定番の書き方である「定賜国造」という表現をとらず、「治平東方十二国為封」と書いています。

「都督」「為封」という両書の書き方から、上毛野君らの祖は、東国という「分国」の統治を委任されたと考えられます。

上毛野君の祖たちは、なぜ、そのような扱いを受けたのでしょうか。解明の鍵は豊城入彦命の出自にありそうです。

豊城入彦命の出自伝承は、表記法の違いを除けば、『古事記』『日本書紀』でほぼ同じです。『日本書紀』で見ましょう。

豊城入彦命は、崇神天皇と紀伊国（和歌山県）荒河戸畔《あらかはとべ》の女、遠津年魚眼眼妙媛《とほつあゆまくはしひめ》との間に生まれ、豊鍬入姫《とよすきいりひめ》を同母妹、活目尊（垂仁天皇）を異母弟とすると伝わります。

伝承にそって考えれば、埼玉《さきたま》稲荷山古墳出土鉄剣に見られる意富比垝と同一視される大彦《おほびこ》の娘、御間城媛《みまきひめ》と結婚することで王位に就くことができた崇神天皇が、それ以前から妻としていたのが遠津年魚眼眼妙媛でした。

荒河戸畔は「紀伊国那賀郡荒川郷」に名を残しています（『和名類聚抄』）。「遠津年魚眼眼妙媛」の「遠津年魚」の名からも、紀の川中流域を本拠とした勢力と考えられます。

荒河戸畔の集団が、紀伊で勢力を示したのはいつごろのことでしょうか。

六世紀以降、紀伊の主勢力は、紀臣《きのおみ》・紀直《きのあたひ》両氏でした。両氏ともに紀の川流域を本拠地としたと考えられますから、そのときには荒河戸畔勢力は紀伊での勢力を弱めていたと思われます。

「戸畔」という特異な敬称が、荒河戸畔集団の実像を探る指針となります。『日本書紀』によれば、「戸畔」という敬称は、神武天皇即位前紀、崇神天皇の条、垂仁天皇の条にだけ見られます。王統譜の中で始祖王的な位置づけを持つ王者伝承の条に偏っています。記載をそのまま史実とすることはできませんが、「戸畔」は、倭王権が確立してくる頃の地域首長の敬称、原初的カバネとしてよいようです。

まとめれば、荒河戸畔の集団は比較的古くから紀の川中流域を中心とする地域に勢力を張り、四～五世紀代を通して倭王権中枢と密接な関係を持ち続けた勢力と考えられます。

そうした集団が東国に展開、定着し、あるいは朝鮮半島諸地域との関係で活躍した氏族群の母胎であるのは意外かもしれません。

意外性を埋めてくれるのが、『新撰姓氏録』和泉国皇別に載せられた上毛野君同祖氏族第三の集団です。

『新撰姓氏録』和泉国皇別に見える佐代公《さじろのきみ》、珍県主《ちぬのあがたぬし》、登美首《とみのおびと》、葛原部《ふぢはらべ》、茨木造《うばらきのみやつこ》、丹比部《たぢひべ》、軽部君《かるべのきみ》、我孫公《あびこのきみ》らが形作る第三の集団は二つの特徴を示しています。

① 和泉国に集まっている。

② 豊城入彦命の男、倭日向建日向《やまとひむかたけひむか》（彦《ひこ》）八綱田命《やつなだのみこと》の後の伝承をもっている。

倭日向建日向（彦）八綱田命は、豊城入彦命の子とされながら、第一の集団の核となる東国六腹朝臣とも、第二の集団の核となる多奇波世君の後を称する氏族群とも関係の薄い存在です。八綱田の伝承が『日本書紀』垂仁天皇五年の条に載せられています。

垂仁天皇の皇后・狭穂姫《さほひめ》の兄・狭穂彦《さほひこ》が謀反を図り、狭穂姫は夫と兄の間で悩みながら、結局は王子・誉津別命《ほむつわけのみこと》を抱いて兄の稲城《いなき》に入ってしまいます。八綱田は垂仁天皇の将軍として「近き県《あがた》の卒《いくさ》」を率いて稲城を攻略し、稲城に火が放たれた際、王子を救い出し「倭日向武日向彦八綱田」の名を与えられたと記されています。

よく似た話が雄略天皇十四年の条に載せられています。安康・雄略天皇と大草香皇子《おほくさかのみこ》の間が割かれ、大草香皇子、安康天皇が相次いで殺された原因が坂本臣《さかもとのおみ》の祖、根使主《ねのおみ》の虚言にあったことが、雄略天皇の代になって明らかになります。根使主は日根《ひね》（和泉国日根郡＝大阪府南東部）の稲城に逃げ込みましたが、茅渟県主《ちぬのあがたぬし》（珍県主）によって打倒されたという話です。

「稲城」という文言が共通していることに気づかれたと思います。『日本書紀』における稲城用例は二例以外には一つしかありません。それも、茅渟県有真香邑《ありまかむら》に関係をもつ物部大連守屋《もののべのおほむらじもりや》誅滅戦関連記事[15]のなかです。

狭穂彦伝承における八綱田の働きは、茅渟県主の話を元に脚色されたとみてよいでしょう[16]。それほどに、この集団において八綱田は、祖先として重視されていたことが分かります。

茅渟県は和泉国と重なり合います。列島最大の古墳・大仙《だいせん》古墳をはじめとする大王墓が陸続と造られた百舌鳥《もず》古墳群や、列島における最古層かつ中心的な須恵器《すえき》生産地「陶邑《すゑむら》」が含まれる地域です。茅渟県陶邑はまた、『日本書紀』崇神天皇八年の条によれば、三輪山（御諸山）の大神《おほみわ》神社の神・大物主《おほものぬし》の子を称す大田田根子《おほたたねこ》（『古事記』では意富多々泥古）が見出された地と伝わります。三輪山（御諸山）は「御肇国天皇《はつくにしらすすめらみこと》」と書かれる崇神天皇の磯城瑞籬宮《しきみづがきのみや》伝承地の背後の山です。豊城入彦命の夢見の舞台でした。三世孫の名は御諸別《みもろわけ》と言いました。茅渟県陶邑が三輪山と関わりをもつことは示唆的です。

上毛野君同祖氏族の母胎となった集団は、三輪山から北に向かう大和《おおやまと》・柳本《やなぎもと》古墳群を残した四世紀の王権とも、百舌鳥《もず》・古市《ふるいち》古墳群（二〇一九年世界遺産登録）を残した五世紀の王権とも深い関わりをもち、王族にして大王に忠実な将軍たちだったと言ってよいでしょう。

そうした時代、彼らは、筑紫、東国を結ぶ伝承ももっていました。後に東国六腹朝臣のひとつに数えられる車持君《くるまもちのきみ》の伝えです。

『日本書紀』去来穂別天皇《いざほわけすめらみこと》（履中天皇）五年の条によれば、車持君は、王権の命を受けて「筑紫の三神《みはしらのかみ》」の「充神者《かむべのもの》（神事やその経済基盤の維持に関与する人々のことと思われます）」の管理と祭祀において逸脱行為があったと描かれています。

『日本書紀』の記述は「春三月戊午《つちのえうま》朔、筑紫に居《ま》します三《みはしら》の神、宮中に見えて言はく『何ぞ我が民を奪ひたまふ。吾、今、汝に慚《はじ》みせむ』とのたまふ。是に祷《いの》りて祠《まつ》らず。」という文章から始まります。

九月に入ると、大虚《おほぞら》に「劔刀太子王《つるぎたちひつぎのみこ》」という声が聞こえ「鳥往来《かよ》ふ羽田《はた》の汝妹《なにも》は羽狭《はさ》に葬《はぶ》り立往《た》ちぬ」「狭名来田薦津之命《さなくたこもつのみこと》、羽狭に葬り立往ちぬ」と声が続いたと記されます。その時、俄に使者が来て「皇妃《みめ》（羽田矢代宿禰《はたやしろのすくね》の女・黒媛《くろひめ》）」の薨去を告げます。

驚いた天皇は、「神の祟《たたり》を治めたまはずして皇妃を亡《ほろぼ》せるを悔いたまひて、更に其の咎《とが》を求めたまふ」としたところ、「車持君、筑紫国に行《まか》りて悉《ふっく》に車持部《くるまちべ》を校《かと》り、兼ねて充神者《かむべのもの》を取れり。必ず是の罪ならむ」の進言がありました。車持君を喚問したところ事実と判明します。車持君は悪解除《あしはらへ》・善解除《よしはらへ》を負って長渚崎《ながすのさき》（摂津国河辺郡の海岸）で祓禊《はらへみそぎ》を課され、筑紫の車持部は「三《みはしら》の神」に奉られたと展開します。

　その際、天皇から「車持君なりと雖も、縦《ほしきまま》に天子《みかど》の百姓《おほみたから》を検校《かと》れり。罪一《ひとつ》なり。既に神に分《くば》り寄せまつる車持部を奪ひ取れり。罪二《ふたつ》なり」「今より以後、筑紫の車持部を掌ることを得ざれ」との命令が下されたことは車持君の職掌を表しています。後章で詳述しますが、王や神の乗る輿輦《よれん（こし・くるま）》の供奉です。王や神に近侍する、今日で言えば宮内庁長官のような役割です。

　筑紫三神とは、田心姫《たごりひめ》神・湍津姫《たぎつひめ》神・市杵島姫《いちきしまひめ》神からなる宗像《むなかた》三女神のことです。田心姫神は玄界灘の沖ノ島（沖津宮）、湍津姫神は大島の中津宮、市杵島姫神は田島の宗像大社（辺津宮）に祀られています（いずれも福岡県宗像市、二〇一七年世界遺産に登録）。発掘調査の成果によれば、沖ノ島の祭祀遺跡は、四世紀後半から五世紀にかけての岩上祭祀から始まり、六～七世紀の岩陰祭祀、七世紀後半から八世紀前半の半岩陰・半露天祭祀、八世紀から十世紀初頭の露天祭祀へと展開しています。

　履中天皇の条の話は、筑紫三神を倭王権が直接に掌握しようとした時代の話と見られます。話の中心は、宗像三女神祭祀の執行が、大阪湾沿岸に勢力を張った近侍の優勢者・車持君から、筑紫在地の胸形《宗像》君に移った点にありました。

こうした伝承は、上毛野君同祖氏族が、朝鮮半島や東国に関わる軍事行動ばかりでなく、倭王権の重要祭祀にも関わっていたことを示しています。

上毛野君同祖氏族の母胎となった集団の立ち位置と、彼らが倭国の「国家」化に果たした役割はほぼ見えたように思います。

いよいよ彼らの東国展開の実相を見ていくこととしましょう。

第四章　東国貴族の登場――東国六腹朝臣《あづまのくにむつはらのあそみ》

東国派遣の二類型――征討・帰還型と善政・移住型

　上毛野君―東国六腹朝臣の祖となる人々の東国派遣伝承はどのような特色をもっているでしょうか。

『日本書紀』に記される東国に関わる主要な派遣伝承は三つあります。

　第一の伝承は、崇神天皇十年の条の四道将軍の派遣です。大彦命《おほびこのみこと》を北陸《くぬがみち》に、武渟川別《たけぬなかはわけ》を東海《うみつみち》に、吉備津彦《きびつひこ》を西道《にしのみち》に、丹波道主命《たにはのみちぬしのみこと》を丹波《たには》に派遣し「戎夷《ひな》を平《む》けた」と書かれています。『古事記』も、大毘古命《おほびこのみこと》を高志《こし》に、その子の建沼河別命《たけぬなかはわけのみこと》を東《ひむがし》の方十二道[1]に、日子坐王《ひこゐますのみこ》を旦波《たには》国に派遣して「麻都漏波奴人等《まつろはぬひとども》を和平《やは》」したと記しています。両書ともに、東国に関わる派遣伝承の主役は建沼河別（武渟川別）です。

　第二の伝承は、景行天皇の条の日本武尊（『古事記』では倭建命）の東征伝承です。景行天皇の「四十年の夏六月に、東《ひむがし》の夷《ひな》多《さは》に叛《そむ》きて辺境《ほとり》騒き動《とよ》む」「今東国《あづまのくに》安からずして暴《あら》ぶる神《かみ》多《さは》に起る。また蝦夷悉《ふっく》に叛きて屢《しばしば》人民《おほみたから》を略《かす》む」ので、日本武尊に斧鉞《おのまさかり》を授けて「発《みち》路《たち》」させたとあります。『古事記』は、天皇の「東《ひむがし》の方十二道の荒夫琉《あらぶる》神また麻都漏波奴《まつろわぬ》人等を言向《ことむ》け和平《やは》せ」の命を受けて派遣されたと記しています。全体の流れは『日本書紀』と一致しています。図3のように、東海道から陸奥あるいは日高見国が主要な対象地域です。日本武尊は、宮居にたどり着かずに亡くなってしまいますが、帰還、凱旋が待たれていました。

弟橘媛への絶唱「吾嬬《あづま》はや」を東国《あづまのくに》の地名起源説話にしようと碓日坂《うすひのさか》を持ち出したため「武蔵・上野を転歴《へめぐり》」と記されていますが、武蔵・上野・下野という東山道の中心地域は主要な経路から外されています。(2)『古事記』『日本書紀』ともに下野の名は現われません。

武渟川別の東海派遣伝承（第一の伝承）と日本武尊の東征伝承（第二の伝承）は、目的、対象、形式ともによく似ています。東国の中心地域である上野・武蔵・下野は基本的に避けられ、帰還・報告が待たれていました。

この二つの伝承とは全く異なる様相を示しているのが、『日本書紀』景行天皇五十五・五十六年の条に記載されている上毛野君に関わる第三の伝承です

第三章で二回も引用しましたが（83―84頁、103頁）、三つの大きな特徴が見られます。

①目的地を、武渟川別・日本武尊の東征伝承が避けた東国《あづまのくに》、東山道《やまのみち》十五国、中心地としての上野《かみつけの》（上毛野）に置いている。

②派遣目的は征討ではなく善政。彦狭嶋・御諸別父子は東国百姓《あづまのくにのおほみたから》に待たれる存在。

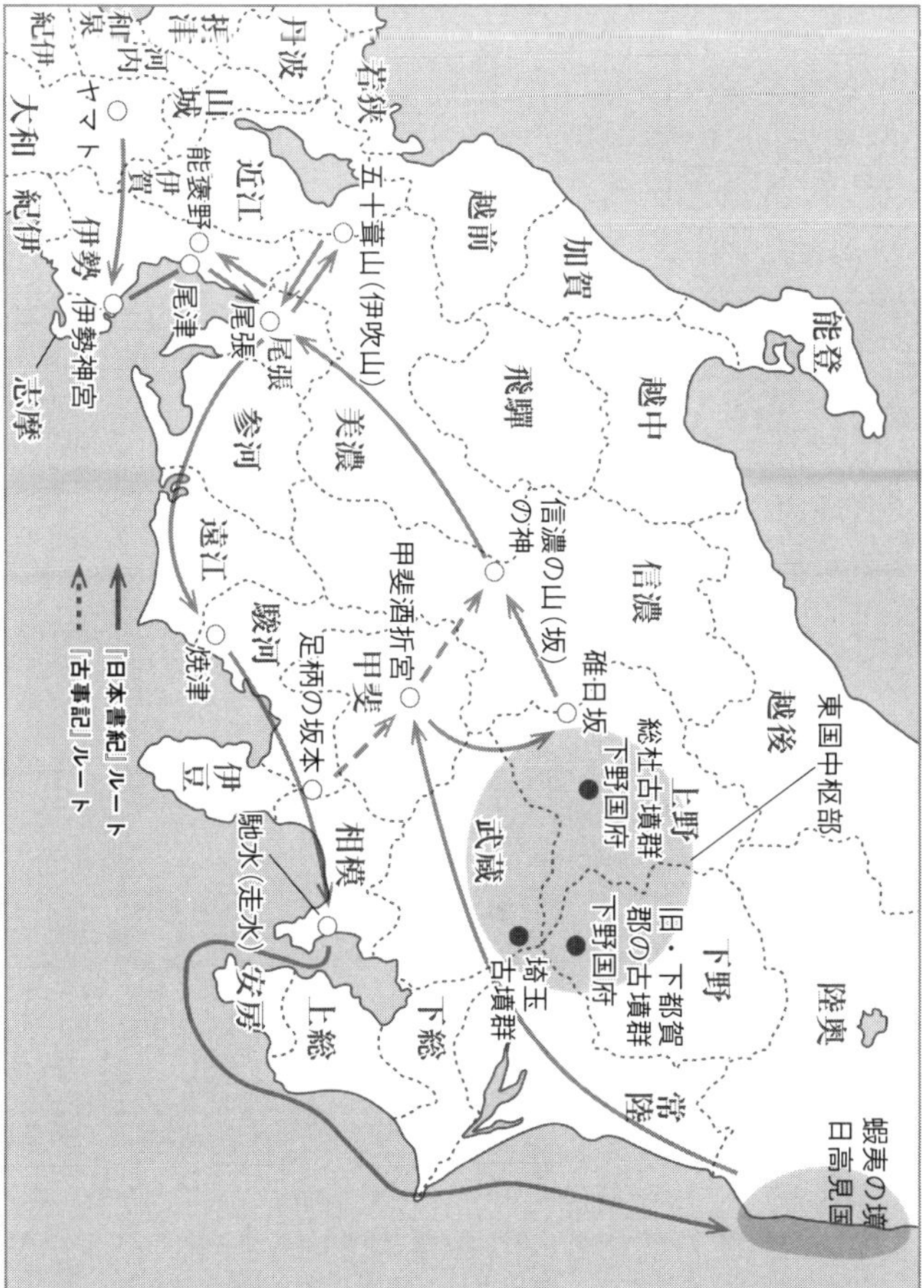

図3　日本武尊東征路線図

蝦夷との関係も、東国を侵そうとした蝦夷を討った、あるいは、そこから出撃したと読むことができる。

③「その子孫、今に東国にあり。」と記されるように、移住・定住者として東国での氏族形成を図り、東国六腹朝臣と呼ばれる貴族集団を築き上げた。

武渟川別・日本武尊の東征伝承を「征討・帰還・東海道型」とすれば、上毛野君の祖たちの東国派遣伝承は「善政・移住・東山道型」と呼ぶことができます。「東山道《やまのみち》十五国都督《かみ》」という文言は「善政・移住・東山道型」を端的に表す表現です。この違いに注目しておきたいと思います。

移住・定着の出鼻を襲った大災害

『日本書紀』の記載は、蝦夷との闘いには苦戦したものの、移住・定着を果たした上毛野君の祖たちは、東国の地で順調に治政を進め、集団を拡大していったように映ります。はたして、そうだったのでしょうか。

近年の発掘調査等によれば、上毛野君の祖たちが東国に移住・定着した五世紀から六世紀にかけて、東国、とくにその中心である上毛野地域は甚大な災害に見舞われ続けていたことが分かっています。

榛名山二ツ岳《ふたつだけ》の相次ぐ噴火です。気象庁のホームページによれば、少なくとも三回の噴火があ

表1　榛名山二ツ岳火山活動記録（気象庁）

年代	現象	活動経過・被害状況等
400年から500年の間	マグマ水蒸気噴火	二ツ岳有馬火山灰噴火：火砕物降下。
489年から498年の初夏	大規模：マグマ水蒸気噴火→（泥流）	二ツ岳渋川噴火：火砕物降下・火砕流→泥流。噴火場所は二ツ岳火口。現在の二ツ岳付近からマグマ水蒸気爆発、水蒸気爆発、火砕流など。マグマ噴出量は0.32DRE㎦。（VEI4）
525年から550年の初夏	大規模：マグマ噴火→マグマ水蒸気噴火→マグマ噴火→（泥流）	二ツ岳伊香保噴火：火砕物降下・火砕流→溶岩ドーム、泥流。噴火場所は二ツ岳火口。プリニー型噴火による降下軽石・火砕流と二ツ岳溶岩ドームの生成。マグマ噴出量は0.74DRE㎦。（VEI5）

ったようです。「約一万年前に山体の東部で山体崩壊（行幸田《みゆきだ》岩屑なだれ）が発生し、その直後に水沢山《みずさわやま》溶岩ドームが形成された。この活動以降、顕著な火山活動は発生しなかったが、五世紀に活動が再開し、六世紀中頃までに三回の噴火が発生した。六世紀の二回の噴火は規模が大きく、大量の降下火砕物や火砕流も噴出した。現在の二ツ岳溶岩ドームは、最新の噴火に伴って形成されたものである」と書かれています。そして三回の噴火が表にまとめられています（https://www.data.jma.go.jp/svd/vois/data/tokyo/304_Harunasan/304_index.html）。（**表1**）

説明文には「六世紀の二回の噴火」とありますが、表には「四八九年から四九八年の初夏」と「五二五年から五五〇年の初夏」とあります。公的なホームページで、わずかとはいえ数値が異なるので、悩みますが、ここでは、五〇〇年前後と六世紀前半と表現させていただきましょう。

上毛野君の祖たちが東国に移住、定着した直後です。高句麗の南下、百済の一時滅亡と復興という大動乱が起こっていました。列島においても王統は混乱をきわめ、政治集団の分裂と再統合が進められた時代です。多奇波世君・男持君の後裔を名のる人々が、かなりの規模で朝鮮半島からやってきた時代にもあたります。そのただなかでの大災害です。

表にあるVEI（Volcanic Explosivity Index）は火山爆発指標と呼ばれる国際指標です。0から8の9段階に分かれています。4は「大規模」、5以上が「非常に大規模」と分類されます。五〇〇年前後の噴火は大規模、六世紀前半の噴火は非常に大規模なものに当たります。

火山活動に直接由来する火山噴出物の量は、4で一億トン以上、5で一〇億トン以上と定義されています。東京ドームの何倍という言い方を使えば、東京ドーム一杯分は一二四万トンですから、4でおおよそ百倍以上、5では千倍以上となります。途方もない数値です。

語りつがれる宝永四（一七〇七）年の富士山大爆発がVEI5、天明三（一七八三）年の浅間焼けがVEI4と言われますから、どれほどの噴火であったかの想像がつきます。

断続的とはいえ、それが半世紀から一世紀にわたって続いたのです。山や川は形を変え、多くの死傷者が出たことでしょう。牛馬の被害も分かっています。田畑の復興にも多大な労力と年月がかかったにちがいありません。気候さえ変えてしまったかもしれません。

六世紀前半の噴火がもたらした軽石は所によって二メートルを超えています。その軽石が一九六四年の最初の東京オリンピックを前後する高度経済成長期の建築材料となったことを思うと、実感が高まります。

丹念な調査によって、被災と復興の様子が日々明らかになっています。五〇〇年前後と考えられる噴火の様子を伝えてくれるのが中筋《なかすじ》遺跡と金井《かない》遺跡群です。六世紀半ば前半と考えられる噴火の様子を知らせてくれるのが黒井峯《くろいみね》遺跡です。すべて群馬県渋川市の遺跡です。

中筋遺跡では、火砕サージと呼ばれる火山ガスを大量に含んだ高熱・高速の爆風が、一瞬のうちに集落を包みました。家は瞬く間に燃え落ち、火に包まれたまま吹き飛ばされました。人は皮膚を焼かれ、呼吸することで肺を焼かれて亡くなりました。竪穴住居内ではラード状になるまで焼き尽くされていました。

夏は涼しい平地住居、冬は藁屋根を土で覆って保温性を高めた竪穴住居が使い分けられていました。田畑と垣根で囲まれた家がムラを形作っている様子も明らかになりました。現在と基本的に変わらない農村風景がそこにはありました。列島にあまねくあった景観でしょう。

火砕サージは、それを一瞬のうちに焼き尽くしたのです。

金井東遺跡群は、「甲《よろい》を着た古墳人」が発見されたことで一躍耳目を集めました。噴火を山の神の怒りと感じた人々の必死な祈りを火砕流が飲み込みました。甲を着た古墳人の持ち物や出土品は当代最先端のものでした。東国に移住、定着した上毛野君の祖たちに連なる姿と想像することもできるでしょう。

出土した複数の馬骨の状況から馬の繁殖飼育が考えられています。渡来系の氏族が中心になって進めた当時の最先端技術の一つです。田辺史と馬との深い関わりは先に紹介しましたが、百済が特別な贈り物として馬を用いていたことも『日本書紀』や朝鮮半島最古の史書『三国史記《サムグクサギ・さんごくしき》』（一一四五年）百済本紀に散見されます。上毛野地域で五世紀後半に馬の繁殖飼育が行われていたとすれば、上毛野君の祖たちの朝鮮半島との関わりを考えずにはいられません。

黒井峯遺跡は、一つのムラがまるごと分厚い軽石層に覆われていました。家々は柴垣で囲まれ、整備された道で結ばれていました。湧水を利用した水場や水田が見つかり、田畑での作物の種類（イネ・ハトムギ・アズキ・アサ・ヒョウタンなど）まで分かりました。牛も飼われていました。中筋遺跡で見られた農村風景が半世紀ほどの後に復興している様子がそこにはありました。それが再び噴火によって埋まってしまったのです。

被害を受けたのは農村だけではありません。その時には機能を停止していたと考えられているものの、三ツ寺《みってら》Ⅰ遺跡や北谷《きたやつ》遺跡（いずれも群馬県高崎市）という、いまのところ列島最大規模の豪族居館も、二ツ岳の火山灰に埋まってしまいました。

断続的に続いた噴火は、地域の人々に忘れがたい記憶を刻み込みました。証拠が『万葉集』に残っています。

『万葉集』巻十四に集められた、東山道は美濃以東、東海道は遠江以東の二三〇首の歌を東歌《あづまうた》と言います。『万葉集』編者は、そのうちの九〇首の国名を確定しました。

上野国（群馬県）とみなされた歌が二五首ありますが、うち九首が「伊香保《いかほ》（伊可保・伊可抱[3]」でした。

伊香保は、榛名山東北麓の日本有数の温泉の名前となっていますが、もともとは、山を中心とする榛名山麓全体を指す言葉でした。

「いかほ」とはどのような言葉でしょうか。

畏友・万葉学者の北川和秀（群馬県立女子大学名誉教授）の教示によれば、「いか」と「ほ」からなる言葉です。「いか」は「厳《いか》つい」「厳《いか》めしい」「怒《いか》り」の語幹、「ほ」は「炎（火《ほ》の穂《ほ》）」「稲穂《ほ》」の「ほ」です。穂のように尖った先から溢れんばかりの力が飛び出さんとする様子を表す言葉です。それほどの怖ろしい力をもつ山ということです。

何がそれほどの力でしょうか。

榛名颪《おろし》という言葉があるほどに厳しい冬の空《から》っ風《かぜ》でしょうか。榛名は雷の巣でもあります。風か雷か。しかし、そのどちらでもないことを東歌自身が明らかにしてくれます。

次のような歌があります。

伊香保嶺《ね》に　雷《かみ》な鳴りそね　わが上《へ》には　故《ゆゑ》は無けども　児《こ》（恋人）らによりてそ　（三四二一番）

伊香保風　吹く日吹かぬ日　ありといへど　吾《あ》が恋のみし　時無かりけり　（三四二二番）

三四二一番の歌は雷を（私は気にならないが、愛しいあの娘は怖がるので）、三四二二番の歌は風を（風は吹く口もあれば吹かぬ日もあるが、私があなたを想う気持ちは四六時中絶えることがない）歌っています。伊香保の雷、伊香保の風です。伊香保そのものではありません。

もうお分かりでしょう。噴火です。火山としての榛名山です。東歌が歌われ、あるいは採録されたのは八世紀の半ばでしょう。五～六世紀から二〇〇年あまりしか経っていません。ちなみに天明三（一七八三）年の浅間焼けの記憶は二五〇年近く経った今でも脈々と語りつがれています。それを上回る噴火を断続的に繰り返した榛名噴火の記憶は、人々の心にきわめて強く刻み込まれたに違いありません。

歌ばかりではありません。上野の式内社一二社の中に、榛名に関わる神社が二社あります。伊加保《いかほ》神社（名神《みょうじん》大社三宮伊香保神社・群馬県北群馬郡吉岡町《よしおかまち》大久保）と榛名神社（六宮、高崎市榛名《はるな》山町《さんまち》）です。甲波宿禰《かはすくね》神社（四宮、渋川市川島など）も、榛名、浅間の噴火に伴う泥流が吾妻《あがつま》川・利根川に流れ込んで災害を拡大することに対処した神社と思われます。

上野国の名神大社は一二社あります。甘楽郡の貫前《ぬきさき》神社（一宮、富岡市一ノ宮《いちのみや》）、勢多郡の赤城神社（二宮、前橋市三夜沢町《みよさわまち》など）、群馬郡の伊香保神社（三宮）です。神階あるいは後の一宮《いちのみや》制度から見て、この順序が上野国の神の順位でした。三宮ではあるけれども、群馬郡の他の二社も榛名に関わることは、火の山「伊香保」を祀り、その力を恵みに変えていくことが、上毛野国中枢地域のきわめて大きな課題だったことを示しています。

それなのに、なぜ、あの山は榛名《はるな》と呼ばれるのでしょうか。

「ハルナ」に近い音で呼ばれる有名な山があります。韓国・済州島《さいしゅうとう・チェジュド》の漢拏《ハルラ》（한라）山（世界自然遺産）です。日本列島と朝鮮半島は隣接していますが、地球科学的には大きく異なってい

ます。日本は火山列島ですが、朝鮮半島には火山が二つしかありません。中朝国境の白頭山《はくとう・ペクトー》（長白山）と漢拏山《ハルラ》だけです。

済州島の位置から考えて、日本列島と深い関係をもった朝鮮半島諸地域の人々にとって、火山と言えば漢拏山《ハルラ》でした。五世紀後半あたりから榛名山南麓に渡来系の人々がいたことが考古学調査で判明しています。[4] 多奇波世《たかはせ》君の後を称した人々とまでは言いきれませんが、それらの人々が、繰り返された榛名山の噴火に直面し、あるいは、痕跡や記憶を見聞したら、その山をまるで漢拏《ハルラ》のようだと呼んだ可能性は大きいと思います。

火山災害復興の中で――上毛野君の登場

しかし、そうした甚大な火山災害を乗り越えて、上毛野君の祖先たちは、六世紀前半としては東日本最大級の七輿山《ななこしやま》古墳（群馬県藤岡市）を築いています。未盗掘の横穴式石室をもつ墳丘長一五〇メートルの前方後円墳です。

そして、最後の大噴火の半世紀ほどの後、その噴火がもたらした角閃石安山岩《かくせんせきあんざんがん》という石材の切石を用いて横穴式石室の壁を構築した綿貫観音山古墳が姿を現します。北斉につらなる銅水瓶や百済武寧王陵出土鏡と同型の鏡を副葬していたことは前章で述べた通りです。きわめて早い、見事な復興と発展を物語る古墳たちです。

宮居が置かれた大和盆地や大阪湾沿岸を中心とする西日本には、ほとんど火山はありません。

対して東日本は、全体が火山帯です。榛名山は、五～六世紀の噴火活動の後、鳴りを潜めたものの、上野・下野地域は、浅間山、草津白根《しらね》山、日光白根山、那須岳《なすだけ》という、「火山防災のために監視・観測体制の充実等が必要な火山」が集中しています。

東国に移住、定着したばかりの上毛野君の祖たちを直撃したのは、大阪湾沿岸地域にあっては経験したことのない大災害でした。

断続的とはいえ、大噴火が半世紀あるいは一世紀以上続くなかで、地域の安定と復興、成長を牽引していった上毛野君の祖たちの指導力には驚嘆するばかりです。

そのただなかで、一人の、より正確に言えば、記録の上では最初の上毛野君が登場します。上毛《かみつけの》野《の》君《きみ》小熊《をぐま》です。

『日本書紀』広国押武金日天皇《ひろくにおしたけかなひのすめらみこと》（安閑天皇）元年閏《のちの》十二月の条は次のように記しています。

武蔵国造《むさしくにのみやつこ》笠原直《かさはらのあたひ》使主《おみ》と同族《うがら》小杵《をき》と国造を相争ひて（使主・小杵、皆名なり）、年経るに決《さだ》め難《がた》し（何年も決着がつかなかった）。小杵、性《ひととなり》阻《うぢはや》くして逆らふことあり。心高びて順ふことなし。密に就《ゆ》きて援《たすけ》を上毛野君小熊に求む（小杵は人に逆らう性格で高慢で、ひそかに上毛野君小熊にたすけを求めた）。而して使主を殺さむと謀る。使主覚りて走げ出づ。京に詣でて状《そのかたち》を言す。朝庭《みかど》臨断《つみさだ》めたまひて、使主を以て国造とす。小杵を誅《ころ》す。国造使主悚憙《かしこまりよろこび》懐《こころ》に交《み》ちて黙已《もだ》あること能《あた》はず（国造の使主はかしこみ喜びて、その気持ちをあらわそうとした）。謹みて国家《みかど》に横渟《よこぬ》

・橘花《たちばな》・多氷《おほひ》・倉樔《くらす》、四処の屯倉《みやけ》を置き奉る。

武蔵国造の地位をめぐって、倭王権中枢に直訴した笠原直使主と、同族で上毛野君小熊に援《たすけ》を求めた小杵とが争い、小杵は殺され、使主が武蔵国造の地位を獲得、それを喜んだ使主が、横渟など四カ所の屯倉を献じたという話です。

安閑天皇元年は五三四年に当たります。榛名山が「非常に規模の大きな噴火」（VEI 5）をもたらしたと考えられる時代です。

四カ所の屯倉については、多氷（多末《たま》）は東京都あきる野市あたり、倉樔（倉樹《くらき》）は横浜市、横渟は埼玉県比企《ひき》郡吉見町《よしみまち》あたり、橘花は神奈川県川崎市・横浜市港北区日吉あたりと見る考え方が有力です。横渟以外は多摩川右岸の南武蔵地域にあたります。そこから、この話を武蔵地域の古墳群の消長とつなげて解釈する説が出されています。

その延長線上に、上毛野君小熊を倭王権中枢と対抗関係にある存在とみなし、小杵が殺されたことに連動して、小熊も勢力を大きく後退させたという考え方があります。安閑天皇二年五月の条記載の上毛野国緑野屯倉《みどののみやけ》をその証左とする考え方もあります。贖罪としての屯倉献上という考え方です。

しかし、安閑天皇の条のどこにも、小熊が処罰されたとは書かれていません。小杵が援を求めたと言っても、小熊が積極的に対応したとは読み取れません。小熊は脇役です。緑野屯倉がこの事件にかかわるという直接的な証拠はどこにもありません。

小熊は、史上に現れる最初の上毛野君です。

それ以前は、すべて「上毛野君の祖」と表現されています。小熊を嚆矢として、上毛野君―東国六腹朝臣は東国での地盤を固め、それぞれの氏《うぢ》を成り立たせていきました。

ここで問うべきは、小熊はなぜ判断をしなかったのか、あるいはできなかったのかです。

二つの可能性が考えられます。一つは、榛名山噴火への対応に忙殺されていた可能性です。二つは、小熊の祖先たちが密着していた五世紀の王権に代わって、倭国の中枢に立った継体天皇に端を発する王権に対しては、それ以前ほどの発言力を持っていなかった可能性です。いずれも可能性に止まっていることを認めざるをえません。しかし、小熊から上毛野君―東国六腹朝臣の東国での時代が始まることをもっと意識すべきでしょう。

上毛野君の拠点と思想――正八角墳の謎

東国六腹朝臣と同格の貴族身分を求めた池原公綱主《いけはらのきみつなぬし》の奏言に「各《おのおの》居地に因《よ》り姓《かばね》を賜ひ氏《うぢ》を命ず」(『続日本紀』延暦十〈七九一〉年四月五日の条)とありました。東国六腹朝臣と呼ばれる以上、上毛野君、下毛野君、大野君、車持君《くるまもち》、佐味君《さみ》、池田君の主要な拠点の少なくとも一つは東国にあると考えられます。

まずは上毛野君、下毛野君から考えていきましょう。両氏《うぢ》は名前のとおり、大きくは上毛野国、下毛野国が拠点と見られますが、その核となる地域はどこでしょうか。

上毛野君の場合、候補地が二つあります。

一つは勢多《せた》郡（前橋市東部を中心とする地域）です。『続日本紀』天平勝宝元（七四九）年閏《のちの》五月二十日の条の「上野国勢多郡小領外《げ》従七位下上毛野朝臣足人《たるひと》、当国国分寺に知識物を献ずるを以て外従五位外を授く」が根拠です。

地域には、霊峰赤城が聳え、赤城神社が鎮座します。六世紀代には前二子《まえふたご》・中二子《なか》・後二子《うしろ》と呼ばれる墳丘長一〇〇メートル前後の前方後円墳を中心とした大室《おおむろ》古墳群が築かれました。

聖武天皇の国分寺建立の詔（天平十三〈七四一〉年）を受けて、全国で最も早く国分寺を建立した上野国において、知識物（仏への寄進物。この場合は国分寺建設の中心的な役割を担ったことを意味すると見られます）を献ずるほどの力があったことは注目されます。

しかし外従七位下という低い官位です。有位者であっても、貴族ではありません。七世紀代の秀でた古墳群もありません。勢多郡に力を及ぼしていたことは確かでしょうが、主たる拠点と見るのは無理があります。

第二の候補地は、総社《そうじゃ》古墳群と山王《さんのう》廃寺に始まり、上野国府が開かれ上野国分寺が建てられた利根川右岸の前橋市総社地区・高崎市国府《こくふ》地区を中心とする地域です。郡域では群馬《くるまのこほり》郡(5)にあたります。

総社古墳群は五世紀末から築かれたと考えられています。最終段階の宝塔山《ほうとうざん》古墳、蛇穴山《じゃけつざん》古墳は列島全域で見ても屈指の終末期古墳です。

宝塔山古墳は一辺六〇メートルの墳丘を持つ方墳です。調査で、濠まで入れると一辺九六メートルに達することが分かっています。石室は石材を四角形やL字形に加工して組み合わせる高度な技術で作られています。截石切組積《きりいしきりぐみづみ》石室と呼ばれています。盗掘は受けていたものの、仏教の影響をうかがわせる脚部をもつ家形石棺がありました。七世紀後半の築造と見られています。

蛇穴山古墳は一辺四三メートルの墳丘をもつ方墳です。調査によって、二重の濠をもち、外形は一辺八二メートルに達することが分かっています。羨道《せんどう》といわれる通路がなく、直接、玄室《げんしつ》と呼ばれる墓室に至ります。玄室は壁・天井石ともに高度に加工された一枚岩です。七世紀末の築造と見られています。宝塔山古墳の一世代後です。日本国家誕生前夜の古墳です。

宝塔山古墳、蛇穴山古墳ともに、奈良県の飛鳥地方にあれば、王族ないし高位の貴族の墓とみなされる水準にあります。最高位の姓「朝臣」を得、中級貴族として活躍した上毛野君の、東国での奥津城《おくつき》（墓）にふさわしいものです。

山王廃寺は、発掘調査等によって、山上碑《やまのうえひ》（六八一年、高崎市山名町）に刻まれた「放光寺」と認められています。巨大な塔心礎（心柱を受ける塔の基盤）や、心柱を装飾する根巻石、金堂の大屋根に載ったと考えられる石製の鴟尾《しび》などが残されています。発掘調査によって、法隆寺西院《さいいん》伽藍を東西反転させた規模、様相を示す寺院であったことが分かってきています。法隆寺五重塔初層に飾られていた塑像と同一の手法・規模と見られる、膨大な量の塑像破片も発見されています。七世紀後半から八世紀にかけての東国を代表する寺院のひとつです。

さらに気になる古墳があります。総社古墳群と並行する時期に築かれた南下《みなみしも》古墳群と三津屋《みつや》古墳です。総社古墳群の北四キロメートルほどの北群馬郡吉岡町にあります。南下古墳群の石室は宝塔山古墳の石室によく似ています。総社古墳群を構築した人々の一族とみてよいでしょう。

最も注目される古墳が三津屋《みつや》古墳（口絵4）です。対辺間二二メートルの、どちらかと言うと小さい古墳ですが、発掘調査によって、平面だけでなく、墳丘部の葺石《ふきいし》も完全に確認された唯一の正八角墳だからです。

墳丘は土を突き固めた版築《はんちく》の二段築成でした。下段一辺九メートル（唐尺《からじゃく》三〇尺）、上段一辺六メートル（二〇尺）、周堀一辺一二メートル（四〇尺）で作られていました。墓室奥壁の中央が設計の中心に置かれ、石室・墳丘は真南に開いています。石室の開口部は稜角上ではなく辺上でした。初めて見たとき、その余りに高度な設計・施工技術に声が出なかったことが思い出されます。

幸いに完全復元がされていて、墳丘だけなく、石室内部にも入ることができます。

確実な八角墳は、三津屋古墳を除けば、舒明天皇から文武天皇に至る天皇及び準ずる王族の陵とされている古墳にしか見られません。(6)「舒明天皇以降の天皇及び準ずる王族」とは、「天」の一族の最高首長のことです（表2）。

八角墳は、大王が天皇となり、倭国が日本となり、治天下が御宇となっていくなかで採用された墳墓形式でした。世界の全体を八角形と認識し、それを統治する天皇は、神にして人であるという思想がもたらした墳墓形式です。

『古事記』序文は、天武天皇の即位に際して「乾符《あまつしるし》を握《と》りて六合《あめのした》を摠《す》べたまひ、天統《あまつすぢ》を得て**八荒**《やものきはより》を包《か》ねたまひき」と記し、『日本書紀』は神武天皇即位の伝承に際して「六合《くにのうち》を兼ねて都を開き、**八紘**《あめのした》を掩《おほ》ひて宇《いへ》に為《せ》む」と書いています。「八紘一宇」の原典です。

『古事記』景行天皇段に載せられた美夜受比売《みやずひめ》の倭建尊《やまとたけるのみこと》への歌は「多迦比迦流　比能美古夜須美斯志　和賀意富岐美（高光る　日の御子　**八隅知**《やすみし》**し　我**《わ》**が大王**《おほきみ》）」でした。『万葉集』には「**八隅知**《やすみし》**し吾**《わ》**が大王**《おほきみ》」が頻出しています。類例を含んで二七例ほどが見つかります。大半が長歌で六八〇年代から七二〇年前後までの歌に集中しています。まさに日本という国家が生まれいずる前後です。皇居・紫宸《ししん・ししい》殿の高御座《たかみくら》も八角形です。伊勢神宮の御神体も「八咫《やた》」の鏡（八頭・八葉鏡）と伝わります。

なぜ、そうした形が、上毛野国の、一つの、それも、どちらかと言えば小さい古墳に採用されたのでしょうか。上毛野君らが、始祖王と伝わる崇神天皇の長子を祖とし、東国のみならず、王権の周辺や朝鮮半島で多様な働きを示したことが、王族・貴族の共通理解となっていたからのことと思われます。東国の地にはあるけれども、最高位の王族に連なる貴族として扱われた証左と見ては言い過ぎでしょうか。

表２　八角形墳一覧（太字は確実な八角墳）

	古墳名	対辺間	構築年代	所在地	特質	陵墓指定
1	稲荷塚	20m	7世紀前半	東京都多摩市	開口位置は稜角武、墳形・年代に不確定要素大	
2	神保一本杉	18m	7世紀前半	群馬県高崎市	上段円形・下段長八角形、年代に議論あり	
3	経塚	12m	7世紀前半	山梨県笛吹市	二段築成、正八角形ではない	
4	中山荘園	13m	7世紀第Ⅱ四半期	兵庫県宝塚市	外護列石八角形、方形土壇付、墳形に議論あり	
5	**段ノ塚**	**42m**	**7世紀第Ⅱ四半期**	**奈良県桜井市**	**上八角下方墳**	**現・舒明天皇（641年崩・643年葬）陵**
6	**三津屋**	**22m**	**7世紀第Ⅲ四半期**	**群馬県吉岡町**	**二段築成、墳丘部・周堀も正八角形確認、石室真北**	
7	**牽牛子塚**	**30m**	**7世紀第Ⅲ四半期**	**奈良県明日香村**	**三段版築築成の八角墳**	**推定・斉明天皇（661年崩）陵**
8	**御廟野**	**42m**	**7世紀第Ⅲ四半期**	**京都府京都市**	**二段の方形壇上に截頭八角墳**	**現・天智天皇（671年崩御）陵**
9	**野口王墓**	**39m**	**7世紀第Ⅳ四半期**	**奈良県明日香村**	**上八角下方墳**	**現・天武（686年崩686年葬）持統（703年崩火葬）合葬陵**
10	**束明神**	**30m**	**7世紀末**	**奈良県高取町**	**横口式石槨、唐尺使用**	**推定・草壁皇子（689年薨）墓**
11	尾市１号	11m	7世紀第Ⅳ四半期	広島県新市町	墳丘裾に列石、前面直線・後背面曲線、墳形に議論あり	
12	**中尾山**	**30m**	**8世紀第Ⅰ四半期**	**奈良県明日香村**	**三段八角、横口式石槨、火葬墓**	**推定・文武天皇（707年崩）陵**

前方後方墳から前方後円墳へ——下毛野君の登場

下毛野君のありようを考えるには、栃木県域とほぼ重なる下毛野地域の、[7] 古墳時代の特徴を理解しておく必要があります。

下毛野地域の古墳時代の最大の特徴は、上毛野地域や西国とは異なって、五世紀前半まで前方後円墳が作られず、前方後方墳が作られ続けたことです。

四世紀半ばの藤本《ふじもと》観音山古墳（一一八メートル、足利市藤本町）から始まって、駒形大塚古墳（六四メートル）・那須八幡塚《はちまんづか》古墳（六二メートル）などからなる那須小川古墳群（那須郡那珂川町《なかがわまち》小川）、大田原市湯津上《ゆづかみ》の上侍塚《かみさむらいづか》古墳（一一二メートル）・下侍塚古墳（八四メートル）、栃木市藤岡の山王寺《さんのうじ》大桝塚《おおますづか》古墳（九六メートル）、権現山古墳（六五メートル）・愛宕塚古墳（四九メートル）などからなる茂原《もばら》古墳群（宇都宮市）と続きますが、すべて前方後方墳です。

前方後円墳が築かれるのは五世紀半ば以降です。笹塚古墳（一〇〇メートル）・塚山古墳（九八メートル）が宇都宮市の田川《たがわ》流域に現われ、小山《おやま》市の摩利支天塚《まりしてんづか》古墳（一二〇メートル、五〇〇年前後）・琵琶塚《びわづか》古墳（一二三メートル、六世紀前半）に引き継がれます。

上毛野地域でも、最初の大型古墳は、元島名《もとしまな》将軍塚古墳（九五メートル、高崎市）や前橋八幡《はちまん》山《やま》古墳（一三〇メートル、前橋市）などの前方後方墳でした。しかし、前橋八幡山古墳と同時期・同規模の前橋天神山古墳（一三〇メートル）が隣接地に姿を現わしていました。五世紀に入ると一七五メートルを超える前方後円墳が陸続と造られていきます。

このように、下毛野地域と上毛野地域の五世紀半ばまでの様相は全く異なっています。しかし、大型前方後円墳が姿を現した五世紀半ば以降は、上毛野地域と歩調を合わせていきます。「毛野国」分割論という憶説とは全く逆の動きです。

小山市の摩利支天塚古墳・琵琶塚古墳から始まる大型前方後円墳は、都賀郡《つが》壬生町《みぶまち》の愛宕塚古墳（六五メートル、六世紀半ば）・壬生茶臼山古墳（九一メートル、六世紀後半）、壬生町と栃木市にまたがる吾妻古墳《あづま》（一二八メートル、六世紀後半）、下野市《しもつけ》の国分寺愛宕塚古墳（七九メートル、六世紀末）へと展開し、円墳・車塚古墳（直径八二メートル、七世紀前半、巨石石室、壬生町）が続きます。

隣接地には下野薬師寺が建てられました（下野市薬師寺）。下野国府が開かれ（栃木市田村町《たむらまち》）、下野国分寺が姿を現していきます（下野市国分寺）。

下野薬師寺の創建は、飛鳥川原寺《かわはらでら》系統の軒丸瓦が出土していることから、七世紀後半と見られます。下毛野君が朝臣姓を得、下毛野朝臣古麻呂がめざましい台頭を遂げ始める前夜です。下野薬師寺の創建に、下毛野君の関与があったと考えるのが自然です。

下野薬師寺は、奈良時代も半ば以降になると、下野国分寺を凌ぐ規模と寺格をもつようになります。天平勝宝元（七四九）年には東大寺や七大寺、諸国国分寺への墾田施入と平行して、筑紫観世音寺とともに墾田五百町が施入されます。天平宝字六（七六二）年には東大寺・筑紫観世音寺と並ぶ全国三戒壇の一つが置かれました。そして宝亀元（七七〇）年、道鏡が流されました。

下野市・壬生町・栃木市の境界部分に収斂していく流れは、上毛野地域における前橋市総社地区・高崎市国府地区に対応しています。下毛野君の主要な拠点と見てよいでしょう。加えれば、下毛野君（朝臣）の勢力は河内《かはち》郡域にも広がっていました。慶雲四（七〇七）年、下毛野朝臣石代《いはしろ》は下毛野川内《かはち》朝臣を賜姓され、独立した有力な家となります。宇都宮市周辺の古墳群は彼の家につながるものでしょう。石代は養老四（七二〇）年の蝦夷との戦いに際して従五位下の位で持節征夷副将軍となっています。

車持君《くるまもちのきみ》という氏名《うぢな》の謂れと展開

車持君《くるまもちのきみ》の氏《うぢ》の名「車持」は特異です。宮廷内での職務にもとづくと考えられます。養老令の註釈書『令集解《りょうのしゅうげ》』職員令《しきいんりょう》宮内省主殿寮《とのもりのつかさ》の項は、次のように書いています。項目に分けて引用してみましょう。

① 主殿頭《とのもりのかみ》の職掌

供御《ぐご》の輿輦《よれん》、蓋笠《がいりゅう》、繖扇《さんせん》、帷帳《いちょう》、湯沐《ゆもく》、殿庭《でんてい》の洒掃《さいそう》、及び燈燭《とうしょく》、松柴《しょうさい》、炭燎《たんりょう》らの事を掌《つかさど》る。

② 輿輦の註釈

挙《かか》げて行くを輿《よ》と曰ひ、輓《ひ》きて行くを輦《れん》と曰ふ。古記に云ふ。輿は無輪なり。輦は有輪なり。

漢語に云ふ。輿は母知許之《もちこし＝持ち輿》、腰輿は多許之《たこし＝手輿》。跡に云ふ。輦は己之久留万《こしくるま＝腰車》。

『日本三代実録』元慶《がんぎょう》六（八八二）年十二月二十五日の条に、「職員令を検すに、殿部《とのもり》四十人は日置《へき》・子部《ちいさこべ》・車持・笠取《かさとり》・鴨《かも》、五姓の人を以て、これとなす」という記事があります。主殿《とのもり》（殿部）の職掌を五姓の人に対応させれば、車持に対応するのは「輿輦の供御」です。(8)

車持氏は、物部氏や大伴氏に代表される負名《なおひ》の氏《うぢ》（職務を氏の名とする氏族）です。『続日本紀』天平十三（七四一）年八月九日の条に主殿頭に車持朝臣が就任した例が見えるのも、長いゆかりにもとづくものでしょう。

車持君のそもそもは、このように考えられますが、「車持」を共有しながら、姓《かばね》を異にするいくつかの氏族があります。君（朝臣）・連《むらじ》・首《おびと》・部とあります。

それらを見ていくと、三つの地域が浮かび上がります。

第一の地域は、越《こし》です。

越中国新川《にふかは》郡に車持郷（富山市の一部か）があります。『続日本紀』延暦二（七八三）年七月十八日の条には、「越前国の秦人部《はたひとべの》武志麻呂《むしまろ》に本姓車持を賜ふ」と書かれています。(9)

第二の地域は、上野国群馬《くるま》郡です。

「群馬」は本来「くるま」でした。藤原宮出土木簡には「上毛野国車評」とあり、『和名類聚抄』は「群馬」を「久留末」と読んでいます。

群馬郡内には、車持郷も車持姓も検出できませんが、平安時代後期の成立と考えられる『上野国神名帳《じんみょうちょう》』群馬西郡《くるまにし》の条に、従五位車持明神、正五位車持若御子《わかみこ》明神が見えています。

第三の地域は、摂津を中心とする大阪湾沿岸地域です。

摂津との関わりは、『新撰姓氏録』摂津皇別に車持公が見えることからも予想されますが、竹内理三編『日本古代人名辞典』（一九五八年、吉川弘文館）は、播磨国賀茂郡に車持連員善《くるまもちのむらじいんぜん》、河内国に車持連籠麻呂《かごまろ》をあげています。宗像三女神の祭祀に関わって違背行為のあった車持君が「祓禊」させられたのは、摂津の武庫水門《むこのみなと》に面する長渚崎《ながすのさき》（兵庫県尼ケ崎市長洲地区あたり）でした（『日本書紀』履中天皇五年の条）。筑紫での事件の処理に長渚崎が選ばれたのは、車持君と関係深い土地だったからでしょう。車持氏の一員が、摂津を中心とする大阪湾沿岸一帯に住み続けたことは間違いありません。

播磨・河内の車持氏が「連《むらじ》」の姓を持っていることも、主殿に関わる負名の氏だったこととつながります。負名の氏の代表格である物部朝臣・大伴宿禰ももともとは「連」姓でした。

上毛野君の祖たちは、大阪湾沿岸地帯に住んで倭王権中枢と強い関係をもっていた時代、車持の名を負う氏族集団を形成したのでしょう。そして彼らが東国に展開していくなかで、車持ゆかりの「車」の名を上毛野にもたらしたと考えるのが合理的な解釈と思われます。

しかし、車持の名を帯びる神社の神階が低く、上野国内に車持郷・車持姓が検出できないことから、奈良時代以降、車持朝臣として群馬県内に在地勢力を持ち続けた可能性は低いと考えられます。むしろ、その地は、先に見たように、上毛野朝臣の上野国内での主たる拠点となっていったと見られます。

佐味君——南大和、越前、そして上野国緑野《みどの》郡・那波《なは》郡

佐味君の場合、注目すべき地域が少なくとも三つあります。

第一の地域は、南大和です。

壬申の乱に際して、佐味君宿那麻呂《すくなまろ》は、大伴連《おほとものむらじ》馬来田《まぐた》・吹負《ふけひ》兄弟に率いられた南大和の「諸豪傑」のひとりとして大海人皇子側で参戦しました。

「一二の族および諸の豪傑」の「僅か数十人」の同調者しか得られなかった馬来田・吹負兄弟が、奈良県北葛城郡広陵町《こうりょうちょう》百済《くだら》の「百済の家」から出陣していることは、宿那麻呂の出撃拠点を示唆します。曽我川を挟んで百済の地と対面する「佐味」（奈良県磯城《しき》郡田原本町《たわらほんまち》佐味）が候補地です。両地間の距離は一キロメートル足らずです。

佐味の地は、現在は磯城《しき》郡に属していますが、もとは十市《とほち》郡でした。宝亀七（七七六）年、官職から退き、従四位下で没した女性官人・佐味朝臣宮《みや》の位田（位階によって与えられる田）も十市郡にありました（『大日本古文書』）。

第二の地域は、丹生《にふ》郡を中心とする越前国です。

史料が天平神護二（七六六）年十月二十日付の東大寺領検田に関する『越前国司解《げ》』に偏っているという問題はありますが、佐味姓を帯びている人々は、越前国丹生郡・足羽《あすは》郡に集中してい

ます。
隣国・越中国新川郡《にひかは》と越後国頸城郡《くびき》にも佐味郷（駅）が見えています。新川郡と頸城郡は隣接し、頸城郡は当初、越中国に属していましたから、一つの郷域を示すとも考えられますが、佐味駅は、北陸道の中でも軍事・交通の要衝でした。『延喜式』によれば、駅馬の数五疋《ひき》と定められていた加賀・能登・越中の駅のなかで、佐味駅だけは八疋を備えさせたと記されています。佐味駅は、富山県下新川郡《しもにいかわぐん》朝日町《あさひまち》宮崎地内にあったと見られています。近くには有力な硬玉原産地があり、硬玉の生産が行なわれていました。

第三の地域は、上野国緑野郡《みどの》佐味郷・那波郡《なは》佐味郷です。

『和名類聚抄』の記載順序に従えば、緑野郡には林原《はやしはら》、小野、升茂《加茂?》、高足《たかし》、佐味、大前《おほまえ》、山高（高山）、尾張、保美《ほみ》、土師《はにし》、俘因の一一郷が属していました。

佐味郷は、大前郷と共に、鮎川流域の落合・白石《しろいし》・平井地区と見られています。平井地区は、昭和十（一九三五）年の古墳調査で、一村あたり最多の古墳が確認された地域です。落合・白石地区には白石稲荷山古墳、七輿山古墳などの注目すべき大古墳が集まっています。今日、平井あたりを緑埜《みどの》と呼んでいることも興味深いことです。

こうした状況から、佐味・大前郷域を『日本書紀』安閑天皇二年の条記載の緑野屯倉の中心地域と見る見方が有力です。上毛野の生産力を倭王権中枢に結びつけるミヤケの性格からして、高い生産性を持ち、舟運の上でも便利な、佐味・大前郷域はふさわしい地域です。五〇〇年前後から六世紀半ばにかけて断続的に続いた、榛名噴火の被害も比較的少なかった地域です。

那波郡は、前橋市南部から佐波郡玉村町、伊勢崎市にかけての広瀬川（旧利根川）右岸の地域です。[10]朝倉、鞘田《さやた》、田後《たじり》、佐味、委文《しどり》、池田、荒束（韮束）から成り立っていました。

佐味郷は前橋市山王地区・玉村町樋越《ひごし》地区が該当地と考えられています。郷域内の旧・佐波《さわ》郡上陽村《じょうようむら》の金冠塚古墳（前橋市）からは、新羅の金冠とよく似た金銅冠が見つかっています。

那波郡が、烏《からす》川を挟んで緑野郡と面していることも注目させられます。佐味君が、烏川を挟んで緑野郡と那波郡に、その勢力を及ぼしていた可能性が高いからです。

那波郡には、延暦十五（七九六）年と貞観元（八五九）年に、それぞれ官社に列した式内社、火雷《ほいかづち》神社（田後《たじり》郷、玉村町下之宮《しものみや》）と倭文《しどり》神社（委文《しどり》郷、伊勢崎市上之宮《かみのみや》）があることも注目されます。

池田君——河内国・和泉国からの展開

『和名類聚抄』によれば「池田」の名を負う郡・郷は一郡一一郷を数えます。

畿内　河内国茨田《まむた》郡池田郷
　　　和泉国和泉郡池田郷
東海道　尾張国春部《かすかべ》郡池田郷

下総国千葉郡池田郷
東山道　美濃国池田郡池田郷
美濃国可児《かに》郡池田郷
上野国那波《なは》郡池田郷
上野国邑楽《をはらき》郡池田郷
南海道　讃岐国山田郡池田郷
伊予国周敷《すふ》郡池田郷
西海道　筑前国糟屋《かすや》郡池田郷

東海・東山両道に半数以上が分布しているものの、広範囲に散在しています。

しかし、気になる地域が三つあります。

第一は、美濃国池田郡・可児郡と尾張国春部郡です。

正倉院文書の中に、大宝二（七〇二）年の美濃国の戸籍が残っていました。御野国《みののくに》と書かれ、味蜂間《あはちま》郡の戸籍がありました。後の安八《あはち》郡のことです。なかでも春部里《かすかべのさと》分は残存状態が良好で「御野国《みののくに》味蜂間郡《あはちまのこほり》春部里《かすかべのさと》戸籍」と呼ばれています。

春部里は、『和名類聚抄』では池田郡ですが、大宝二年の戸籍では味蜂間《安八》郡でした。隣接する池田郡と安八郡は一体的に把握されていたと見られます。

安八郡まで介在させると、美濃国池田郡・可児郡・安八郡、尾張国春部郡の四郡は国、さらには道まで超えて、ゆるやかにつながります。東に大野君を想起させる大野郡、西南には不破《ふは》関を有する不破郡が位置します。広義の東国の入口、大海人皇子を支えた東国にあたると見られる地域です。そこに池田・春部の名が広く分布していることは注目されますが、池田の名を負う氏族は確認できません。ここを池田君の主要な拠点とみることは難しいでしょう。

第二は、河内国茨田郡と和泉国和泉郡です。

両郡を含む大阪湾沿岸地域が、上毛野君同祖氏族の、古い時代からの拠点地域だったからではありません。

河内国茨田郡には、池田郷と並んで、佐太郷が見えます。「佐太」の名は『新撰姓氏録』左京皇別下の「池田朝臣。上毛野朝臣同祖。豊城入彦命十世孫佐太公の後なり」を思い起こさせます。郡・郷名に関するかぎり、「佐太」の名が検出されるのはここだけです。推定地域も、池田郷推定地＝寝屋川《ねやがわ》市に隣接する守口《もりぐち》市北半です。淀川左岸中流域です。

和泉国和泉郡には、池田郷と並んで軽部《かるべ》郷・坂本《さかもと》郷が見られます。軽部郷は、上毛野君同祖氏族・軽部（君）の主要な拠点と推定されます。坂本郷も、紀臣の同族・坂本臣の主要な拠点であるとともに、池田君との同族関係が想定される坂本君との関わりが考えられます。『和名類聚抄』は、軽部・坂本・池田と続けて書いています。対応するように、郷域推定地は、軽部＝大阪府泉北郡《せんぼくぐん》忠岡町《ただおかちょう》、坂本＝和泉市阪本町《さかもとちょう》周辺、池田＝和泉市池田下町《いけだしもちょう》周辺と続いています。堺市の南に連なる地域です。

東国に展開する以前において、池田君一族は、河内国茨田郡池田郷・佐太郷、和泉国池田郷・軽部郷・坂本郷周辺を主要な拠点としていたと考えてよいでしょう。

第三は、那波郡・邑楽郡に池田郷を有する上野国です。

特に気になることは、上毛野坂本朝臣《かみつけのさかもとあそみ》という氏族が、『新撰姓氏録』左京皇別に池田朝臣とまったく同じ始祖伝承、つまり「豊城入彦命十世孫佐太公《さたのきみ》の後なり」を載せていることです。

その目で見ると、『寧楽遺文』宗教編に「優婆塞《うばそく》（在家にあって仏法に従う男性）貢進解」として、左京七条一坊の戸主・池田朝臣夫子《をのこ・せこ》の戸口に「坂本君弥麻呂《みまろ》、年十三」と見えていることに気づきます。「君」という姓を持つことから考えて、弥麻呂は、紀臣の同族である坂本臣につながる人物ではなく、上毛野坂本君につながる人物と考えられるからです。

池田君の東国での拠点を考えるには、まったく同じ始祖伝承を持ち「上毛野」の名を負う上毛野坂本朝臣のありようを追うことが有力な方法になりそうです。

池田君の跡を継いだ上毛野坂本朝臣

上毛野坂本朝臣は、『続日本紀』に三つの記事を載せています。

天平勝宝元（七四九）年五月十五日の条

上野国碓氷《うすひ》郡人外従七位上石上部君諸弟《いそのかみべのきみもろと》、尾張国山田郡人外従七位下生江臣安久多《いくえのおみあくた》、伊予国宇和郡人外大初位《そゐ》下凡直鎌足《おほしのあたひかまたり》ら、各《おのおの》、当国国分寺に知識物を献ず。並びに外従五位下を授く。

天平勝宝五（七五三）年七月十九日の条

左京人正八位上石上部君男嶋《をしま》ら卌《四十》七人言ふ。己が親父登与《とよ》、去る大宝元年を以て上毛野坂本君の姓を賜ふ。而《しか》るに子孫ら籍帳《じゃくちょう》になお石上部君と注す。理において安からず（道理が納得できません）。望請《のぞむ》らくは父の姓に随て改正せんと欲す。詔許す。

神護景雲元（七六七）年三月六日の条

左京人正六位上上毛野坂本公男嶋、上野国碓氷郡人外従八位下上毛野坂本公黒益《くろます》に姓、上毛野坂本朝臣を賜ふ。

二つの記事からは、次の四点が浮かび上がります。

①　上毛野坂本朝臣の旧姓は石上部君《いそのかみべのきみ》である。

②　大宝元（七〇一）年、石上部君の一員が上毛野坂本君を賜姓され、神護景雲元（七六七）年、朝臣姓を得た。

③　上野国碓氷郡に八世紀半ば以降も在地勢力を形成し、上野国分寺に知識物を献上する力をもっていた。

④　上野国と平城京に同時に存在が確認でき、在京の家の一つは左京にあった。

石上部は取り扱いの難しい氏族です。

『日本書紀』は、仁賢天皇三（四九〇）年二月の条に石上部舎人《とねり》が設置されたと書き、欽明天皇二（五四二）年三月の条に石上部皇子という人物をあげています。さらに、『日本書紀』に神宮と記される伊勢・大神《おほみわ》・石上《いそのかみ》三神宮のひとつに石上（振《ふる》）神宮（＝石上神宮、奈良県天理《てんり》市）があります（天武天皇三〈六七四〉年八月の条など）。「石上」はまた、物部連《もののべのむらじ》との深い関係があります。天武天皇十三（六八四）年、最高の貴族の姓「朝臣」を得た物部連は、間もなく石上《いそのかみの》朝臣《あそみ》を名のりだします。

石上部のことを考えるには、こうしたことにも目配りする必要があるからです。

物部公《もののべのきみ》という氏族が上野国では確認されます。『続日本紀』天平神護二（七六六）年五月二十日の条に、「上野国甘楽郡大初位磯部牛麻呂ら四人に姓、物部公を賜ふ」とあります。甘楽郡（富岡市周辺）は、碓氷郡（安中市周辺）に隣り合う郡です。高崎市山名町に建つ神亀三（七二六）年銘の金井沢碑にも、物部君と礒部君《いそべのきみ》が並んで現われています。

厳密に言うと、石上部君（上毛野坂本朝臣）と物部君《公》・礒部君の同族関係は立証されていませんが、「君」《公》という姓を共有しています。「君」という姓が、上毛野君、池田君とも共通していることを重視したいと思います。古代社会にあっては、氏《うぢ》の名よりも身分を表す姓《かばね》が重要だからです。氏の名が同じであっても、姓つまり身分が異なれば、全く異質の存在です。主人と従僕の関係にさえなります。同族関係の目安は姓の共有です。「君」の姓《かばね》を持つ物部君・礒部君は、石上部君同様に、上毛野君同祖氏族の一員たりうると見られます。その三者が、重なり合う地域に存在するとすれば、同族ないし姻族と考えるのが道理です。

上野国内の石上部と物部・振（布留）神宮との間には、祭祀を通した関係も考えられます。多胡郡と群馬東郡には物部明神が、那波郡には布留《ふる》明神が存在しました（『上野国神名帳』）。烏川上流の高崎市倉渕町《くらぶちまち》水沼地区の水沼《みずぬま》神社は、古来布留社と呼ばれていました。対岸の倉渕町三ノ倉《さんのくら》地区石上《いしがみ》の石上神社の存在と合わせて注目させられます。石上神宮が石上振神宮と呼ばれていたことが、思い起こされます（『日本書紀』履中天皇即位前紀）。

時代は下って戦国の世のことですが、群馬郡の箕輪《みのわ》（高崎市箕郷町《みさとまち》）に城を構えた長野氏は、城の鬼門に布留山石上寺《ふるさんせきじょうじ》を建立して菩提寺とし、鎮守に布留明神を祀りました。永正六（一五〇九）年の連歌師・柴屋軒宗長《さいおくけんそうちょう》の日記『宗長紀行（東路の津登《あづまじのつと》）』によれば、群馬郡長野郷内と考えられる「浜川並松の別当」は「俗に長野、姓石上なり」とあります。長野氏が石上氏とも名のっていたことが認められます。「並松」は「並榎《なみえ》」の誤記と見られており、並榎（高崎市並榎町《なみえまち》周辺）には、平安時代にさかのぼると見られる天竜護国寺が現存します。

長野氏を石上部君に直結させることはむずかしいとしても、群馬郡長野郷の名を負う長野氏が、石上姓を名のっていたことは注目に値します。長野氏の勢力圏には布留につながる御布呂《おふろ》なる地名が残り、古墳時代の水田が見つかっています。御布呂の北には上（下）布留の地名が現存します。

上毛野坂本朝臣は、奈良時代以降、上野国に有力な在地勢力を形成し、上野国内に多くの同族ないし姻族をもちました。東国六腹朝臣が、上野国内での在地勢力の形成に軸足をおかなくなったことと、対照的です。

そうした流れのなかにあって、上毛野坂本朝臣が池田君（朝臣）とまったく同一の始祖伝承をもつのは、池田朝臣の地盤を受け継いだからではないでしょうか。

いくつかの課題が改めて浮かび上がります。

第一は、石上部君に関わると考えられてきた高崎市八幡町《やわたまち》の平塚古墳・二子塚古墳・八幡観音塚古墳などからなる八幡古墳群を、池田君との関係で吟味し直す必要です。

観音塚古墳は、全国で四つしか見つかっていない金銅製の托杯を二つも出していました。被葬者としては、王族・貴族につながる人々を考えないわけにはいきません。

八幡古墳群の所在地は、もともとは片岡郡（若田郷）でした。片岡郡は、烏川《からすがわ》右岸に沿った地域でした。そう考えると、片岡郡が池田君（朝臣）の五世紀後半から七世紀にかけての主要な拠点だった可能性が浮上します。

さらに川を考えると、池田君―石上部君は烏川・碓氷川・鏑川《かぶらかわ》（甘楽郡）・利根川（那波郡と邑楽郡の池田郷）を通してつながります。川や舟運を彼ら勢力のありようとして考え直す必要がありそうです。

第二に、石上部君が上毛野坂本朝臣の氏姓を得た根拠です。碓氷郡坂本郷説が最も有力ですが、和泉国和泉郡坂本郷の存在も考慮すべきでしょう。遠い故郷である和泉・坂本の名を坂東の玄関・碓氷坂の坂本に移し、改姓を求めたのかもしれません。

大野君に関する仮説――埼玉《さきたま》古墳群をどう見るか

「大野」の名を帯びる郡・郷は、四郡三〇郷三駅を数えます。全国に広がり、偏りも見られません。上野国山田郡と下野国那須郡にも大野郷は確認されますが、主要な拠点と考えられるような特段の様相は見られません。郡・郷名から主要な拠点と考えられる地域を探しにくいとしたら、他の方法での検討が必要となります。その一歩として、「東国」の範囲を再確認してみましょう。対象となる史料は次の通りです。

① 東山道《やまのみち》十五国都督《かみ》（『日本書紀』景行天皇五十五年の条）
② 東方十二道（『古事記』崇神天皇段・景行天皇段）
③ 東方十二国（『先代旧事本紀』国造本紀上毛野国造の条）
④ 我姫之道《あづまのくに》分為八国（『常陸国風土記』総記）
⑤ 東方八道（『日本書紀』孝徳天皇二年の条）
⑥『万葉集』巻十四 東歌《あづまうた》採録国（遠江・駿河・伊豆・相模・武蔵・上総・下総・常陸・信濃・上野

・下野・陸奥）

まず八国《道》から考えると、安房国設置は養老二（七一八）年ですから、八国《道》は上野・武蔵・下野・相模・上総・下総・常陸・甲斐とみるのが論理的です。十二国《道》は、八国《道》に遠江・駿河・伊豆・信濃を加えれば良いでしょう。

問題は、東山道十五国です。令制の東山道は、武蔵を入れても近江・飛騨・美濃・信濃・上野・武蔵・下野・陸奥・出羽の九国にしかなりません。東国を治めることを命じられた彦狭嶋・御諸別が、中心地としての上野国を目指したことを強調したいために、東山道を持ち出したのでしょう(11)。

核となるのは、八国です。坂東・山東（公式令）の考え方に照らしても、当時の貴族・官人層が、今日の関東地方を東国の中心と見ていたことは確かです。

東国六腹朝臣と括られるものの、上毛野・下毛野・大野・佐味の四氏と車持・池田の二氏の間には格差があったことを考えると、上野国の総社古墳群、下野国の壬生町周辺の古墳群に匹敵する古墳群のある地域が大野君の拠点候補となります。

一番の候補は、埼玉《さきたま》古墳群（埼玉県行田市埼玉）です。

埼玉古墳群は、八基の前方後円墳と一基の大型円墳を核とする古墳群（二〇一九年、特別史跡指定）です。「さきたま風土記の丘」として整備されています。

「治天下」「大王」が刻まれた鉄剣が埋納されていた稲荷山古墳（一二〇メートル・五世紀後半）を嚆矢として、二子山古墳（一三八メートル・六世紀初頭）・丸墓山古墳（円墳・一〇五メートル・六世紀前半）、愛宕山古墳（五三メートル・六世紀前半）・瓦塚古墳（七三メートル・六世紀前半）、奥の山古墳（六六メートル・六世紀中頃？）、鉄砲山古墳（一〇九メートル・六世紀後半）・将軍山古墳（九〇メートル・六世紀後半）、中の山古墳（七九メートル・六世紀末から七世紀初め）の順に築かれたと見られます。

質・量ともに、埼玉県内のみならず武蔵地域（埼玉県、東京都、神奈川県の一部）で群を抜いた存在です。丸墓山古墳は日本最大の円墳です。二子山古墳は武蔵最大の前方後円墳です。上毛野君、下毛野君の主要な拠点と推定される地域の古墳群のありようと似ています。佐味君と白石《しろいし》古墳群（藤岡市）、池田君と八幡古墳群（高崎市）が対応できるとなれば、可能性はさらに高まります。

とくに、五世紀後半に突如出現して大型の古墳を造り続け、六世紀代の二子山古墳（前方後円墳）・丸墓山古墳（円墳）が地域最大というありようは、下毛野君の主要な拠点と推定した地域の古墳群のありようと酷似しています。

その大きさと連続性から、後の郡司層などの墓ではなく、貴族につらなる奥津城とみるのが合理的な考え方でしょう。

埼玉は、『万葉集』に「佐吉多万能《さきたまの》津」（巻十四―三三八〇番）「前玉《さきたま》之少埼乃沼」（巻九―一七四

四番）と詠まれるように、「さきたま」と呼ばれ、津や沼があった地域です。舟運との関係が想定された池田君のありようとの類似が考えられます。

しかし、上毛野君、下毛野君の主要な拠点と推定した地域との違いも見られます。七世紀半ば以降の突出した古墳群が見られないことです。

埼玉古墳群を造り上げた集団は、池田君同様、氏族形成の軸足を倭王権中枢地域に移したのでしょうか。そのことと武蔵国府あるいは武蔵の中枢地域の変化は関係があるかもしれません。

常に持ち出される記事に、『続日本紀』宝亀二（七七一）年十月二十七日の条があります。

太政官奏すらく。武蔵国は山道（東山道）に属すといえども、兼ねて海道（東海道）を承け、公使繁多にして祇供《（供応）》堪へ難し（公使の往来が頻繁で、十分な世話ができません）。その東山の駅路は上野国新田《にふた》駅より下野国足利《あしかが》駅に達す。これ便道（便利な道）なり。しかるに枉《まげ》て上野国邑《あは》楽《らき》郡（現在の館林市一帯）より五ヶ駅を経て武蔵国に到り、事畢《をは》つて去る日、また同道を取《とり》て下野国に向ふ。いま東海道は相模国夷参《いさま》駅（現在の相模原市座間）より下総国に達す。その間四駅にして往還便近し。しかるに此れを去り彼に就くこと損害極て多し（上野国府から武蔵国府を往復して、下総国府に向かう経由は、損害が極めて大きい）。臣ら商量するに、東山道を改めて東海道に属せば、公私ところを得て、人馬息《そく》すること有らんと。奏可《（勅許）》す。

この場合の武蔵国府は、明らかに東京都府中市にあった武蔵国府です。一方、従前からの七道所属では、武蔵は東山道に属していました。駅路に矛盾を生じてしまい、太政官の奏上どおりの改革が必要だったわけです。

もともと武蔵を東山道に属させた理由があるはずです。可能性は二つです。上野・下野と一体的な地域と把握せざるをえなかったか、東山道駅路を上野→武蔵→下野と動いても矛盾の少ない地に最初の武蔵国府が開かれていたかです。いずれの場合も、埼玉古墳群周辺を東国における武蔵地域の拠点と考えれば成り立ちます。そこに氏族をあてはめるとすれば大野君しかないように思われます。

しかし、この仮説にはいくつかの問題点があります。

一つは、武蔵国内に大野君（朝臣）を示唆する地名・人名が見つかっていないことです。

より大きな壁は埼玉稲荷山古墳出土鉄剣の銘文です。

鉄剣の存在は、倭王権に近侍し「治天下を左け」た将軍の東国派遣を物語りますが、乎獲居《をわけ》臣の「上祖」と記される人物は阿倍臣（朝臣）の祖とされる大彦命《おほびこのみこと》と同一の「意富比垝《をほびこ》」です。銘文に記された祖先名は、「意富比垝《をほびこ》」を除けば、知られている阿倍臣同祖氏族のいかなる祖先名とも一致しませんが、豊城入彦命をはじめとする上毛野君同祖氏族の祖たちとも符合するものはありません。

はっきり言って手詰まりです。

大野君の東国における主要な拠点についての私見はまだまだ仮説の域をでていません。ご一緒に考えていただければ幸いです。

第五章　東国貴族と日本という国家の成立

八代貴族集団の一角を占める東国六腹朝臣

東国六腹朝臣が東国で華々しい活動を示し東国を成り立たせたとしても、しょせん地方の有力者にすぎないのでないか。

はたしてそうでしょうか。

有力な反証があります。

八朝臣すべてが、天武天皇十三（六八四）年定められた「八色《やくさ》の姓《かばね》」で、最高の貴族身分「朝臣」を与えられています。上毛野朝臣は、持統天皇五（六九一）年「祖等《おやども》の墓記《おくつきのふみ》」を上申した一八氏の中に選ばれました。

両記事を比較すると、朝臣《あそみ》・宿禰《すくね》両姓をもつ有力な貴族集団が見えてきます（表3）。

最も幅広く見ても、皇別に分類される春日朝臣の族、阿倍朝臣の族、石川朝臣の族（旧・蘇我臣の族）、上毛野朝臣の族、神別に分類される大神《おほみの》朝臣の族、石上《いそのかみ》朝臣の族（旧・物部連の族）、藤原朝臣の族（旧・中臣連の族）、大伴宿禰の族、安曇《あづみ》宿禰の族の九つです。

表3　朝臣・宿禰氏族と墓記上申氏族

	区分	系列	旧姓	八色の姓賜姓氏族	墓記上申氏族
朝臣賜姓	皇別	春日	臣	大春日臣・櫟井臣・大宅臣・粟田臣・小野臣・柿本臣	春日朝臣
		阿倍	臣	阿倍臣・膳臣・若桜部臣・宍人部・伊賀臣・阿閉臣	阿倍朝臣・膳部朝臣
		蘇我（石川）	臣	巨勢臣・紀臣・波多臣・雀部臣・平群臣・石川臣・桜井臣・田中臣・小墾田臣・川辺臣・軽部臣・岸田臣・高向臣・久目臣・角臣・星川臣・林臣・波弥臣・坂本臣・玉手臣・道守臣	雀部朝臣・石川朝臣・巨勢朝臣・紀伊朝臣・平群朝臣・羽田朝臣
		上毛野	君	上毛野君・車持君・下毛野君・佐味君・大野君・池田君	上毛野朝臣
		犬上	君	犬上君・綾君？	
		多	臣	多臣	
		吉備	臣	下道臣・笠臣	
	神別	大神	君	大三輪君・鴨君？・胸方君	大三輪朝臣
		物部（石上）	連	物部連・采女臣・穂積臣	石上朝臣・穂積朝臣・采女朝臣
		中臣（藤原）	連	中臣連	藤原朝臣
	？	？	？	山背臣	
宿禰賜姓	神別	大伴	連	大伴連・佐伯連	大伴宿禰・佐伯宿禰
		安曇	連	安曇連	安曇宿禰

このうち、大神朝臣の族と安曇宿禰は当初から公卿《くぎょう》（政府トップ＝太政官《だいじょうかん》の構成員。議政官《ぎじょうかん》とも）の列には属していませんから、(1) 皇親（親王）・真人《まひと》姓貴族と、七つの朝臣・宿禰姓貴族集団が、国家意思を形成、行使する主体となります。(2)

上毛野朝臣の族は、その一角に確固たる位置を占めています。しかし、真人・朝臣・宿禰姓、八つの貴族の中では、最上位の集団ではなかったようです。

五位以上を貴族と言います。貴族は三段階に別れます。五位でその生涯を終えるもの、四位《しい》に進みうるもの、三位《さんみ》以上に進みうるものの三つです。三位以上（と正四位の参議・中納言）が太政官の構成員、公卿となります。八省や神祇官の長（省卿・神祇伯）などは四位が原則です。大国の国守といえども従五位上《じゅうごいじょう》です。位階の大枠は氏の格によって決められます（表4）。

東国六腹朝臣の貴族としての格は、どの程度のものだったのでしょうか。

車持朝臣・池田朝臣については確認できませんが、他の四朝臣は四位に上がっています。『日本書紀』『続日本紀』によれば、天武天皇十（六八一）年八月卒《しゅっ》（没）の上毛野君三千《みちち》は大錦下《だいきんげ》で従四位相当でした。和銅二（七〇九）年四月卒の上毛野朝臣男足《をたり》は従四位下、同年十二月卒の下毛野朝臣古麻呂は正四位下、天平宝字三（七三一）年十月卒の佐味朝臣虫麻呂は従四位下、宝亀七（七七六）年没の女性官人・佐味朝臣宮も従四位下でした。対蝦夷政策と藤原朝臣広嗣の乱の完全鎮圧により参議従三位となった大野朝臣東人も本来は四位止まりだったと思われます。

東国六腹朝臣は、ときに参議ないし従三位となりうる四位の貴族と言ってよいでしょう。

表4　官位相当制（概要）

			神祇官	太政官	中務省	他の７省	衛府	大宰府	国司
貴	正一位 従一位			太政大臣					
	正二位			左大臣					
	従二位			右大臣					
	正三位			大納言					
	従三位			中納言			大将	帥	
通貴	正四位	上			卿				
		下		参議		卿			
	従四位	上		左右大弁					
		下	伯				中将		
	正五位	上		左右中弁	大輔		衛門督	大弐	
		下		左右小弁		大輔	少将		
	従五位	上			少輔		兵衛督		大国守
		下	大副	少納言		少輔	衛門佐	少弐	上国守

三位にのぼりうる貴族は、ほんの一握りです。東国六腹朝臣は、身分に厳しい古代国家において、きわめて高い扱いを受けていたと言えます。

主要な拠点の一部を、都から遠く離れた東国にもっていたとしても、彼らは、国造層・郡司層とは隔絶した高位にありました。令の規定に郡司の位階は定められていませんが、たかだか八位前後の位しか与えられません。彼らと同一視するわけにはいきません。四位の貴族として遇された国造はほぼ見当たりません（天平神護二（七六六）年、従四位上で陸奥大国造となった道嶋宿禰嶋足は異例中の異例です）。『先代旧事本紀』国造本紀に誘われて、上毛野朝臣らを有力な地方豪族と見ていては、彼らが国家形成に果たした役割を評価することはできません。

彼らは、四位の貴族としてどのような役割を果たしたのでしょうか。

律令撰定の中核となった下毛野朝臣古麻呂

東国六腹朝臣が果たした主要な役割は四つありました。

①大宝律令選定の中核となった。
②国史編纂事業の中心的役割を果たし続けた。
③蝦夷政策の推進と今日の東北地方の開発。
④渡来系氏族の定着への積極的な関与。

これらの役割は、国民と国語の形成にも大きな意義をもちました。

律令撰定の場から見ていきましょう。

『続日本紀』によれば、大宝律令の撰定は文武天皇四（七〇〇）年六月十七日から始まりました。次のように記されています。

浄大参《正五位上相当》刑部《おさかべ》親王、直広壱《正四位下相当》藤原朝臣不比等《ふひと》、直大弐《従四位上相当》粟田朝臣真人、直広参《正五位下相当》**下毛野朝臣古麻呂**、直広肆《従五位下相当》伊岐連博得《いきのむらじはかとこ》、直広肆伊余部連馬養《いよべのむらじうまかひ》、勤大壱《正六位上相当》薩弘恪《さつこうかく》、勤広参《従六位上相当》土部宿禰甥《はじのすくねおひ》、勤大肆《従六位下相当》坂合《さかひ》部《べの》宿禰唐《もろこし》、務大壱《正七位上相当》白猪史骨《しらゐのふひとほね》、追大壱《正八位上相当》黄文連備《きふみのむらじそなふ》・**田辺史百枝《ももえ》**・道君首名《みちのきみおふとな》・狭井《さゐ》宿禰尺麻呂《さかまろ》・追大壱鍛造大角《かぬちのみやつこおほすみ》、進大壱《大初位上相当》額田部連林《ぬかたべむらじはやし》、進大弐《大初位下相当》**田辺史首名**・山口伊美伎《いみき》大麻呂、直広肆《従五位下相当》

表5　大宝律令撰定作業発足時の貴族・官人とその相当官位

正四位	下	藤原朝臣不比等
従四位	上	粟田朝臣真人
	下	
正五位	上	
	下	**下毛野朝臣古麻呂**
従五位	上	
	下	伊岐連博得　伊余部連馬養　調伊美伎老人
正六位	上	薩弘恪
	下	
従六位	上	土部宿禰甥
	下	坂合部宿禰唐
正七位	上	白猪史骨
	下	
従七位	上	
	下	
正八位	上	黄文連準備　**田辺史百枝**　道君首名　狭井宿禰尺麻呂　鍛造大角
	下	
従八位	上	
	下	
大初位	上	額田部連林
	下	**田辺史首名**　山口伊美岐大麻呂

調伊美伎《つきのいみき》老人《おきな》らに勅《ちょく》して律令を撰定せしむ。禄を賜ふこと各差《おのおのしな》有り（それぞれの身分によって物を賜る）。

上毛野君同祖氏族からは、下毛野朝臣古麻呂を筆頭に三名が選ばれています（**表5**）。

大宝律令は、大宝元（七〇一）年四月七日までには撰定作業を終えました。『続日本紀』は、この日「右大弁従四位下下毛野朝臣古麻呂ら三人を遣はし、始めて新令を講ぜしむ。親王・諸臣・百官人ら就きて習ふ」と書いています。そして大宝二年十月十四日に諸国に頒布されました。

他の二名の名は書かれていません

表６　下毛野朝臣古麻呂らに対する論功行賞

	撰定開始時の官位	撰定完了時の官位	論功行賞（田伝一世・封戸止身）
下毛野朝臣古麻呂	正五位下	従四位下	田計三十町・封五十戸
伊吉連博徳	従五位下	従五位下	田十町・封五十戸
伊余部連馬養	従五位下	従五位下	（男に）田六町・封百戸

が、大宝元年八月三日の条に「三品《さんぼん》刑部親王、正三位藤原朝臣不比等、従四位下下毛野朝臣古麻呂、従五位下伊吉連博徳、伊余部連馬養らをして律令を撰定せしむ。是に始めて成る。大略、浄御原朝庭《きよみがはらのみかど》を以て准正《じゅんせい》とす。仍《より》て禄を賜ふこと差《しな》あり」と記していますから、伊吉《岐》連博徳《得》、伊余部連馬養と見られます。

伊吉連博徳は、斉明天皇五（六五九）年の遣唐使随行者です。『伊吉連博徳書』と称する随行録を残しています。白村江の戦い後の天智天皇三（六六四）年、唐使・郭務悰を大宰府に応接するなどの経歴をもつ人物です。

伊余部連馬養は、持統天皇三（六八九）年、佐味朝臣宿那麻呂《すくなまろ》とともに撰善言司《よきことえらぶのつかさ》に選ばれています。『懐風藻』に漢詩を残し、「浦嶋子（浦島太郎）伝説」の最初の採録者ないし作者と伝えられてきた人物です。

両人が優れた文学的才能と調査力、語学力を持っていたことは確かです。しかし、彼らなどを率いて律令選定の実務を取り仕切ったのは古麻呂と見られます。三人の功績が高かったことは大宝三年の論功行賞に明らかです。

大宝三年二月十五日の条

詔すらく。従四位下下毛野朝臣古麻呂ら四人、律令を定むるに預る。宜《よろし》く功賞を議すべし。是に古麻呂及び従五位下伊吉連博徳、並《ならび》に田十町・封五十戸を賜ふ。贈正五位上調忌寸老人の男《おとこ・むすこ》に田十町・封百戸。従五位下伊余部連馬養の男に田六町・封百戸。其の封戸は身に止り、田は一世に伝へしむ。

三月七日の条

従四位下下毛野朝臣古麻呂に功田二十町を賜ふ（表6）。

古麻呂は大宝二（七〇二）年に参議となり、慶雲二（七〇五）年兵部《ひょうぶ》卿、四年に文武天皇大喪の造山陵司、和銅元（七〇八）年式部卿と進みました。二年、式部卿大将軍正四位下で亡くなりますが、彼の功田は、養老律令撰定者の功田の基準となりました（天平宝字元〈七五九〉年十二月九日の条）。

撰定が七〇〇年六月から七〇一年四月という短期間で進んだのは「浄御原朝庭《きよみがはらのみかど》」を「准正」としたためと記されています。浄御原令の存在を物語るとする見方が定説ですが、天武・持統朝における諸々の政策も重要な「准正」だったと考えられます。

日本の律令の基礎は唐の律令にありました。新羅や百済の律令的支配の方式や官制、あるいは魏・晋・南北朝の律令制も参照されました。それらを取捨選択して日本の実情に合うよう再構成されたと見られています。

文学的才能に秀で、調査力・語学力豊かな博徳・馬養が選ばれたのはもっともです。

古麻呂が実務統括者に選ばれた理由は何でしょうか。遣唐経験も伝えられていません。漢詩も残されていません。しかし、二つの手がかりがあります。

第一は、上毛野君同祖氏族である田辺史が撰定の要員に二名も選ばれていることです。彼らは「文書を解する」渡来系氏族でした（『新撰姓氏録』左京皇別下・上毛野朝臣の条）。

第二は、下毛野国の七世紀末の状況です。

下毛野国の記事が『日本書紀』に五つあります。天武天皇五（六七六）年五月の凶作記事と持統朝の四つの記事です。持統朝の四つの記事は、古麻呂による奴婢《ぬひ(やっこ)》六〇〇口の解放と連年の新羅人移住政策の記録です。

持統天皇元（六八七）年三月二十二日の条

投化《おのづからにまうおもぶ》ける新羅人十四人を以て下毛野国に居《お》らしむ。田《た》賦《たま》ひ稟《かて》受《たま》ひて、生業《なりはひ》に安《やす》からしむ（田や食料を賜って生業に不安のないようにした）。

持統天皇三（六八九）年四月八日の条

投化ける新羅人を以て、下毛野に居らしむ。

持統天皇三（六八九）年十月二十二日の条

直広肆《従五位下相当》下毛野朝臣子麻《古》呂、奴婢《やっこ》陸《六》伯《百》口《たり》を免《ゆる》さむと欲《おも》ふと奏《まう》す。奏すままに可《ゆる》されぬ。

持統天皇四（六九〇）年八月十一日の条

帰化《まうおもぶ》ける新羅人らを以て下毛野国に居らしむ。

「投化」と「帰化」は、同じ意味をもつ文言です。帰化は中華思想に基づく「内帰欽化」の短縮形です。日本の王化（欽化）を慕って内帰したとみなす文言です。国家も成立していない段階で帰化はありえませんが、『日本書紀』は一貫して帰化・投化と表現しています。『古事記』は「渡来」という文言を使っています。

上田正昭が『帰化人』（中公新書、一九六五年）で「帰化」の無限定な使用に抜本的な批判を加え、『古事記』用例の「渡来」が一般化したことの重みが改めて思い起こされます。「渡来」の語が「帰化」の単なる置き換えとならぬよう心したいものです。

そう考えれば、渡来人には、王仁のように倭国が招聘した人々、上毛野君同祖氏族のように倭人との姻戚関係を主張する人々もいたでしょうが、朝鮮半島の動乱の中で、新天地を求めて渡来した人々も多かったと見られます。

持統朝の「投化」の内実はどのようなものだったのでしょうか。

『日本書紀』は、持統朝における新羅人たちの東国への配属を重ねて記しています。

元年三月　高麗人五十六人　常陸国
　　　　　新羅人十四人　下毛野国（前掲）
元年四月　新羅僧尼・百姓男女二十二人　武蔵国

二年四月　新羅人　　　　　　　　　　　　　　　下毛野（前掲）
（四年二月　新羅沙門栓吉、級飡北助知ら五十人）
四年二月　新羅韓奈末許満ら十二人　　　　　　　武蔵国
四年八月　帰化した新羅人ら　　　　　　　　　　下毛野国（前掲）

他の地域には、こうした記載はありません。

新羅―唐連合軍が百済・高句麗を倒した結果発生した亡命者や難民だった可能性が考えられます。東国は、そうした人々にとっての新天地でした。

人道的な擁護・受け入れではありません。

日本は、新羅や渤海を従属すべき蕃国、蝦夷や隼人を服属すべき夷狄とみなす小中華の国をめざしていました。下毛野国をはじめとする東国は、蝦夷の土地に面する最前線でした。いま、亡命者や難民を受け入れる土地となりました。小中華の国・日本の先行・縮小版の様相を呈していました。

ただなかで、古麻呂は、奴婢六〇〇口を良民とします。天下の百姓《おほみたから》とします。蝦夷だった人も難民の新羅人もいたことでしょう。人道的な措置ではありません。蕃国の民も夷狄も小中華の国・日本を支える国民とする政策を小地域で実践したということです。

そうした国家観と実践をもち、自身も周囲も秀でた才能に恵まれていたことが、古麻呂が律令撰定の実務統括者に選ばれ、短時日のうちに成果を出せた理由と思われます。

傍証してくれる存在があります。那須国造碑《なすのくにのみやつこひ》です。大田原《おおたわら》市となった栃木県那須郡湯津上《ゆづかみ》村笠石《むらかさいし》神社の御神体（国宝）です。眞保昌弘『侍塚古墳と那須国造碑　下野の前方後方墳と古代石碑』（日本の遺跡、同成社、二〇〇八年）によれば、那須国造碑は、延宝四（一六七六）年、磐城《いわき》（福島県いわき市あたり）の僧・円順によって発見されました。水戸藩領だったことから、貞享四（一六八七）年、水戸光圀による調査が実施されます。

調査実施者は「介《すけ》さん」で知られる佐々宗淳《さっさそうじゅん》でした。碑文を読むことから始められ、墓誌を求めるために碑直下を発掘したことで碑が現在地にあったことも確認されました。元禄五（一六九二）年には、碑を守るための碑堂を建てるとともに、誌石が見つからないことから、地元の人が国造の墓と伝える侍塚古墳の発掘に着手しています。

一九字八行で次のように採字されています。

永昌元年己丑四月飛鳥浄御原大宮那須国造[3]
追大壹那須直韋提評督被賜歳次庚子年正月
二壬子日辰節殄故意斯麻呂等立碑銘偲云尓
仰惟殞公広氏尊胤国家棟梁一世之中重被貳

照一命之期連見再甦砕骨挑髄豈報前恩是以
曽子之家无有嬌子仲尼之門无有罵者行孝之
子不改其語銘夏堯心澄神照乾六月童子意香
助坤作徒之大合言喩字故無翼飛長无根更固

碑文は、故人の諱《いみな》(実名)や地位、亡くなった日などを記す「序」と、功績や人柄を称賛する「銘」とからなります。前半三行が序で、後半五行が銘です。内容だけでなく、文体まではっきりと分かれます。後半五行は正格漢文ですが、前半三行は訓読を駆使した和文脈です。

碑文を書いた人、読み継いだ人は、完全な二言語表現者（bilingual）と見られます。碑としたことは、そうした人々が那須地域を中心に、かなりの数いたことを証しています。

前半三行から見ていきましょう。七世紀末の下毛野国の政治文化状況が凝縮しています。永昌元年の永昌は周の年号です。唐は、武周革命によって一時王朝名を周と変えました。その周の年号です。西暦六八九年。持統天皇三年にあたります。下毛野国に新羅人十四人が移住させられた年です。飛鳥浄御原《あすかきよみがはら》大宮は持統天皇の宮となります。追大壹《ついだいいち》は天武天皇十四（六八五）年に定められた爵位で、後の正八位上に相当します。郡大領の前身となる「評督《こほりのかみ》」の爵位としては妥当です。

興味深いのは、冒頭を周の年号で始めながら、十一年後の七〇〇年は庚子年《かのえねのとし》と記していることとです。ここから、碑文を書いた人間は永昌元年以降に来日、定住し、以後、中国側の事情に疎くなった人と推測されています。持統天皇三年ないし四年に下毛野国に移住させられた新羅人と見るのが適切でしょう(4)。

前半三行は次のように読むことができます。

(周の)永昌元年《六八九年》己丑《つちのとうし》四月、飛鳥浄御原《きよみがはら》大宮より那須国造追大壹《正八位相当》那須直《なすのあたい》韋提《ゐで》、評督《こほりのかみ》を被賜《たまは》る。歳次《ほしはやどる》庚子年《七〇〇年》正月二壬子《みづのえね》日の辰節《とき》(5)に殄《みまか》る。故に、(後継者の)意斯麻呂《おしまろ》等、碑銘を立て偲び尓《しか》云ふ。

後半五行は正格漢文です。韋提功績の顕彰と、後継者としての決意が語られています。律動感に満ちた文章です。読みの私案を提出しておきましょう。

仰ぎ惟《み》るに、殞公《さんこう》(故人。那須直韋提)は広氏の尊胤、国家の棟梁たり。一世之中、重ねて貳《に》照《しょう》を被り、一命之期、連ねて再甦《さいそ》に見あふ。骨を砕き髄を挑《かきあ》げ、豈《あに》前恩に報いざらんや。是を以て、曽子(日に三省した曽参)之家に嬌子有ること无《な》く、仲尼(孔子)之門に罵者有ること无し。行孝之子は其の語(父の遺言)を改めず。夏《か》(中国最初の王朝)の堯《ぎょう》が心を銘《きざ》み、神《こころ》を澄《きよ》め乾《けん》(天)を照す。六月の童子(服喪六か月?)も香を意《おもひ》て坤(地)を助く。徒之《たみの》大なるを作《な》し、言を合わせ字を喩《つ》ぐ。故に（人だから）翼無けれど飛ぶこと長く、根无けれど更に固まる。

那須国造・追大壹と、那須評督とを与えられたことを「一世之中、重ねて貳照《にしょう》を被り、一命之期、連ねて再甦《さいそ》に見あふ」と表現しています。韋提たちにとっての二大事でした。

ここに、地域の有力者が、地域に定住した新羅人の力も借りて、権力機構の最先端＝最末端に組み込まれながらも、自らの意志として国家を成立させていく様子が見てとれます。

そうした地域の動きを間近に見ながら、古麻呂は、国家体制の基軸となる律令を作り上げていったと考えられます。

史書編集に関わり続けた上毛野君同祖氏族

第二の視点は、国史編纂への深い関与です。

天武天皇十（六八一）年三月「帝紀《すめらみことのふみ》及び上古《いにしへ》の諸事《もろもろのこと》を記し定める」ために要員が集められました。川嶋皇子・忍壁《おさかべ》皇子、広瀬王《おほきみ》・竹田王・桑田王・三野王、大錦下《従四位下相当》上毛野君三千《みちち》、小錦中《五位相当》忌部連首《いむべのむらじおびと》、小錦下《従五位相当》安曇連稲敷《あづみのむらじいなしき》・難波連大形《なにはのむらじおほかた》、大山上《正六位上相当》中臣連大嶋、大山下《従六位下相当》平群臣子首《へぐりのおみこびと》です。

『日本書紀』は、大嶋・子首が「親ら筆を執りて録し」たと記していますから、彼らが実務の中心でした。上毛野君三千は、律令選定時における下毛野朝臣古麻呂と同じ役柄と見られます。

天武朝の修史事業の方が律令撰定に二十年ほどさかのぼりますから、正確には、修史事業の構造が律令選定時の範となりました。

それだけに、三千の役割は重要です。

三千は同年八月に没してしまいましたが、大錦下という高位での就任、天武天皇の修史への強い意志から考えて、彼の就任が名誉職であったとは考えられません。実務統括者として選ばれるだけの条件があったと考えられます。

時代は下りますが、田辺史の流れを汲む上毛野公大川は、『続日本紀』編纂に際して、天平宝字年間から宝亀年間にかけての編修に従事しました。上毛野朝臣穎人は、『新撰姓氏録』編修に大外記《げき》つまり書記として参加しています。上毛野君同祖氏族を全体としてとらえれば、史書編纂との深く長い関係が確認されます。

下毛野朝臣古麻呂が奴婢六〇〇口を解放した同じ持統天皇三年、直広肆《従五位下相当》佐味朝臣宿那麻呂《すくなまろ》が、施基皇子《しきのみこ》のもと「撰善言司《よきことえらぶのつかさ》」という臨時官司の諸臣首座つまり実務統括者に選ばれたことも、同じ脈絡で読むことができます。

宿那麻呂は壬申の乱の功臣でした。一方で、撰善言司は『善言』という書物を選ぶ官職と推定されています。施基皇子、宿那麻呂のほか、直広肆羽田《はた》朝臣斉《むごへ》、勤広肆《従六位下相当》伊余部連馬飼《養》・調忌寸老人、務大参《従七位下相当》大伴宿禰手拍《たうち》・巨勢《こせ》朝臣多益須《たやす》が要員でした。

伊余部連馬養、調忌寸老人の二人は、大宝律令撰定作業にも参画しています。馬養には少し触れましたが、調忌寸老人も『懐風藻』に「詩一首、大学頭」とあります。馬養・老人は当代きっての文人に数えられる人々でした。撰善言司の仕事は国史編纂・律令撰定の両者に生かされたと見られます。

上毛野君三千、下毛野朝臣古麻呂、佐味朝臣宿那麻呂は、いずれも、東国六腹朝臣の氏上《うぢのかみ》（氏族の長）と考えられる人物です。そうした三人が三人とも、六八〇年代から七〇〇年前後にかけて国史編纂・律令撰定にかかわったことを偶然の一致と言えるでしょうか。

古代社会においては、氏族あるいは氏族群としての評価は、実に重大なことです。貴族・官人層には、さまざまな仕事が割りふられますが、こうした一致を見ると、上毛野君同祖氏族には、他の氏族群以上に文に関わる知的輝きがみなぎっていると感じられます。

蝦夷政策や朝鮮半島での武の側面と合わせて、文の側面を評価すべきでしょう。そう考えれば、王仁招聘の使いは上毛野君の祖であったという伝承が貴族・官人層の共通理解であったことも肯けます。

蝦夷政策の最前線に立ち尽くして

国史編纂・律令撰定と並ぶ基本問題に「諸蕃と夷狄の上に立つ小中華の国日本」という、古代日本国家特有の国家理念があります。

唐帝国を「隣国」、新羅・渤海両国を「蕃国」すなわち日本に服属すべき国家とみなし、蝦夷

・隼人、さらには国家間関係を前提としない居留外国人を「夷狄」ととらえる国家理念です。そうした国家理念を現実の国土の上に反映させたい。それは古代貴族の階級意思でした。

古代貴族は、大宝令施行後七年、七〇八年の和銅改元をもって、より本格的な国家・国土計画に着手します。

「夷狄」地とみなした陸奥・出羽・大隅地域に日本国の国・郡新設を宣言しました。「諸蕃」とみなした渡来系住民のための国・郡新設をはかりました。越後国出羽郡《いでは》（七〇八年）・出羽国（七一二年）・大隅国と陸奥国丹取郡《にとり》（七一三年）の新設が「夷狄」政策の要です。上野国多胡郡《たご》（七一一年）と美作国《みまさか》（七一三年）の新設は「諸蕃」定住政策と深く関わると見られます。

和銅六（七一三）年には国家・国土計画の一応の完成指標として、一般に『風土記』の上申と呼ばれている命令が出されます。(6) そして霊亀元（七一五）年の元明天皇譲位・元正天皇即位と、和銅から霊亀への改元によって、古代貴族は国土政策を第二段階に進めます。令制支配の基礎単位を郡・里制から郡・郷・里制に深めたことは一つの象徴でした。(7)

「夷狄」地に対しては内国化宣言を完了し、近隣諸国民の「夷狄」地への殖民と、「夷狄」の近隣諸国への強制移住を開始します。俘囚《ふしゅう》郷・夷俘《いふ》郷の設置です。

「諸蕃」に対しては、定住の地での国・郡新設から、各地に散在する渡来系住民を集中移住させての新郡設置へと進みます。「定住」という既得権を認めての国・郡新設に比べて、「移住」させての国・郡新設はより強力な政策展開だったと思われます。武蔵国高麗郡《こま》（七一六年）・美濃国席田郡《むしろだ》（七一五年）などが「移住」型にあたります。

古代貴族の観念によれば、「諸蕃」とみなした渡来系住民を移住させて編戸の民とすることは、「夷狄」のための俘囚郷設置と同等にとらえられていたと考えられます。

そして霊亀末年から養老初年にかけて、大宝二（七〇二）年以来の遣唐使が派遣されました（七一六〜七一八年）。『日本書紀』の編纂と新律令（養老律令）撰定の作業も開始され、按察使《あぜち》と呼ばれる州知事制の採用（『続日本紀』養老三〈七一九〉年七月十三日の条）も行われました。

このように、和銅・霊亀・養老年間は、日本古代国家の最後的完成期として、律令制が強力に推進された時代でした。

当然のことながら、上毛野君同祖氏族、なかでも東国六腹の朝臣は、①四位の貴族官人として、②「夷狄」地に隣接する東国を一つの地盤とする氏族群として、③百済系渡来氏族を含む氏族群として、和銅・霊亀・養老年間の国土政策の最前線に立ちつくしました。

蝦夷に対する関係から見ていきましょう。

和銅・霊亀・養老年間にあっては、あたかも世襲のように、上毛野朝臣は陸奥守、陸奥按察使を独占しています。和銅元（七〇八）年陸奥守に就任した従四位下上毛野朝臣小足《男》が、翌年四月に没すると、七月には従五位下上毛野朝臣安麻呂が陸奥守となります。養老四（七二〇）年九月、蝦夷の攻撃の前に陸奥按察使正五位下上毛野朝臣広人が敗死するや、左京亮《すけ》従五位下下毛野朝臣石代《いはしろ》が副将軍として陸奥へ向かいます。続いて登場するのが大野朝臣東人《あづまひと・あづまんど》です。

東人は多賀《たが》城の築城に尽力し、多賀城から出羽柵《(い)ではのき》（秋田城）への直路を開く軍を興します。東人を出羽国大室《おほむろ》駅で待ち受けていたのが出羽守田辺史難波でした。

東人が多賀城を築いたことは『続日本紀』には書かれていません。築城を明記しているのは多賀城碑[8]（重要文化財、宮城県多賀城市）です。次のように刻まれています。

　　　去京一千五百里
多賀城　去蝦夷[9]国界一百廿里
　　　去常陸国界四百十二里
　　　去下野国界二百七十四里
　　　去靺鞨国界三千里

西
此城神龜元年歳次甲子按察使兼鎭守將
軍從四位上勳四等大野朝臣東人之所置
也天平寶字六年歳次壬寅參議東海東山
節度使從四位上仁部省卿兼按察使鎭守
將軍藤原惠美朝臣朝獦修造也
　　天平寶字六年十二月一日

碑文の前半には多賀城から各地への距離が記されています。当時の一里は五三三メートルほどと推定されています。今日の四キロメートルの八分の一ほどです。

京つまり奈良の都までは一五〇〇里とありますから八〇〇キロメートルです。合っています。蝦夷国の界《さかい》までは一二〇里とありますので六〇キロメートル強となります。現在の宮城県と岩手県の県境あたりが当時の日本と蝦夷国との界だったのでしょう。下野国界を栃木県と福島県の県境、常陸国界を茨城県と福島県の県境と考えれば、これもほぼ合っています。靺鞨《まっかつ》国と書かれているのは渤海を指します。奈良の都までの倍は遠くにあるということでしょう。靺鞨国界までの距離はともかく、正確な距離記載であることには驚かされます。

後半には二つのことが書かれています。

第一は、神亀元（七二四）年に按察使兼鎮守将軍の大野朝臣東人が多賀城を「置」いたということ。

第二は、天平宝字六（七六二）年藤原恵美《えみ》朝臣朝獦《あさかり》が多賀城を修造（改修）したということ。

朝獦は、藤原恵美朝臣押勝《おしかつ》と名を改めた藤原朝臣仲麻呂の四男です。天平宝字八（七六四）年の仲麻呂の乱に際し仲麻呂とともに殺されました。

そうした経緯や記された朝獦の位階や官職が『続日本紀』と異なることから、多賀城碑の記載は問題視されてもきました。(10)

しかし、『続日本紀』神亀二（七二五）年閏正月二十二日の条に、征夷の功をもって征夷将軍藤原朝臣宇合《うまかひ》以下一六九六人に勲位が与えられるなか、宇合に続いて「従五位上大野朝臣東人に従四位下勲四等を授く」と見えていますから、多賀城神亀元年東人建造説はまちがいないでしょう。同日、正八位上田辺史難波も勲六等を授けられています。

天平元（七二九）年、東人は陸奥鎮守将軍として、在鎮つまり多賀城に属する兵士のうち「勤功芳しき者」に官位を授けられることを奏請し、認められます。

人民永安――大野朝臣東人と田辺史難波の行動

この前後、『続日本紀』は蝦夷との軍事的衝突を一切記していません。七二〇年の広人の敗死、七二四年の陸奥大掾《だいじょう》佐伯宿禰児屋麻呂《こやまろ》殺害を教訓として、東人は、いたずらに蝦夷と戦火を交えることなく、多賀城と、それをとりまく生産基盤の整備に専念したと思われます。

天平九（七三七）年正月、東人は、陸奥按察使兼鎮守将軍として、陸奥（多賀城）より出羽柵への道が、男勝《をがち》（雄勝。秋田県湯沢市一帯）村を迂回する形となっていて距離もあり時間もかかるから、直路を通したいと建言します。持節大使従三位藤原朝臣麻呂が陸奥に到着し、東人の建策に実行命令が下されます。

二月十九日、東人は、常陸・上総・下総・武蔵・上野・下野、六国の騎兵一〇〇〇人をもって山中と海沿いの両道を開くことを決します。

蝦夷たちは「皆疑いと恐れの念を懐《いだ》」いたと『続日本紀』は書いています。

そこで、東人は「帰服」した蝦夷首長遠田君雄人《をんだのきみをひと》を海沿いの道に、和我君計安塁《わがのきみけあるい》を山中の道に遣わし、蝦夷に対する懐柔・説得策に出ます。夷をもって夷を説得する工作です。成功したようです。

東人は、一〇〇〇人のうちから、四五九人を玉造《たまつくり》（宮城県大崎市）など五つの柵に、三四五人を多賀城の麻呂のもとに残し、勇敢でたくましい者一九六人を率いて作戦を開始します。

二十五日、東人は多賀城を発ちました。

三月一日、東人は騎兵一九六人、鎮兵四九九人、陸奥国の兵五〇〇〇人、「帰服」の蝦夷二四九人を率いて、陸奥国色麻柵《しかまのき》（宮城県加美郡《かみ》色麻町《しかまちょう》）から出羽国大室駅（山形県尾花沢《おばなざわ》市）へと部隊を進めます。総勢およそ六〇〇〇名。大半は道路開削要員としても大軍事行動です。

大室駅では出羽国守田辺史難波が出羽国兵五〇〇人、「帰服」の蝦夷一四〇人を率いて待ち受けていました。

部隊は合流し、「賊地（蝦夷居住圏）」の比羅保許山《ひらほこやま》（山形・秋田県境の神室山《かむろさん》）に入ります。雄勝村まで五十余里（当時の里程で約三〇キロメートル）。その間は平らで、たやすい道でした。

しかし、東人の軍は雄勝村に入らず、比羅保許山から引き返します。目的の完遂を目前にしながら、六六〇〇人の大部隊は引き返したのです。田辺史難波のもとに、雄勝村俘長《ふちょう》（「帰服」した蝦夷の首長）らの申し出があったからです。『続日本紀』は記しています。

田辺難波が状（書状）に称《い》はく。「雄勝村の俘長ら三人来降す。拝首して云さく。承り聞く、官軍《みいくさ》、我が村に入らんと欲すと。危懼《きぐ》にたえず。故に来りて降を請ふ者なり」と。

難波の諫言に東人は耳を傾けます。

難波、議して曰《いは》く。「軍《いくさ》を発《おこ》して賊地に入るは、俘狄《ふてき》を教喩し城を築きて民を居《を》らしめんがためなり。必ずしも兵を窮して順服を残害せんとにあらず。もしその請を許さずして、凌圧《りょうあつ》して直に進まば、俘ら懼《お》ぢ怨みて山野に遁《に》げ走らん。労多くして功少き。おそるらくは上策にあらず。しかじ、官軍の威を示してこの地より返らんには（今回は官軍の威力を示して、この地から引き揚げるにしくはないでしょう）。しかして後、難波、訓《をし》ふるに福順を以てし、懐《なつ》くるに寛恩を以てせん（さすれば後に難波が、帰順の有利なことを諭し、寛大な恵みでなつかせましょう）。しからば城郭を守ること易《たやす》ふして、人民永く安からんものなり」。

作戦を強行すれば必ず軍事衝突が起こり、「帰服」の蝦夷たちに動揺をもたらす。今まで築いてきた「夷狄」地経営のすべてが水泡に帰すかもしれない。「夷狄」地の内国化という戦略的大目標を完遂するために、道路開削のあと一歩を残して、東人は戦術上の退却を決定します。

持節大使藤原朝臣麻呂は、東人らの行動を報告するに際して、次の言葉を付け加えることを忘れませんでした。

臣《しん》麻呂ら愚昧《ぐまい》にして事機に明らかならず。ただし東人は久しく辺要に将として謀《はか》ることとあたらずこと少し（臣下の麻呂らは愚かで事情に明るくありませんが、東人は久しく将軍として辺要の地にあり、作戦が的中しなかったことはほとんどありません）。加以《しかのみならず》、親ら賊竟に臨みて、その形勢を察し、深く思ひ遠く慮《おもひはか》りて量り定むること、此《か》くの如し。謹みて事の状を録して、伏して勅裁を聴《こ》ふ。但し今間《いま》は事無し。時、農作《なりはひ》に属《つ》けり。発《おこ》せる所の軍士《いくさ》、かつ放ち、かつ奏《まう》さむ。

東人らのとった行動によって、徴発された農民兵士も農作業に戻ることができました。歓迎されるものでした。以後、蝦夷地には平和が続きました。

東人自身は、天平十二（七四〇）年九日、北部九州に起こった藤原広嗣の乱の平定に向かい、乱を収めて、天平十四（七四二）年十一月二日、参議従三位の高位でその生涯を閉じます。

七四〇年代に入ると、上毛野君同祖氏族と蝦夷政策との関係を物語る史料は少なくなります。上毛野朝臣家の勢力の後退とも関係しますが、天平時代後半から天平勝宝年間（七四九～七五六年）にかけては、律令制の推進に消極的な時期でもありました。和銅・霊亀・養老年間の強力な律令制推進政策のもたらした矛盾が開花した時期と言えます。

上毛野君同祖氏族が再び蝦夷政策の前面に姿を現わすのは奈良時代も末になってのことでした。嚆矢は出羽介・上野守を経て、宝亀七（七七六）年、出羽守に就任した上毛野朝臣馬長です。馬長は、上野守に就任したことが史料の上で確認される、ただひとりの上毛野朝臣という注目すべき経歴の持ち主でした。

延暦年間に入ると、東国六腹朝臣の一員、池田朝臣真枚《まひら》が鎮守府副将軍として陸奥へ向かいます。しかし、真枚は蝦夷大首長阿弖流為《あてるゐ》の前にあっけなく大敗します。時に延暦八（七八九）年。坂上《さかのうえ》大宿禰田村麻呂が征夷大将軍に任命される七年前のことです。

真枚の大敗は、上毛野君同祖氏族と蝦夷政策との終焉を象徴する事件でした。以後、上毛野君同祖氏族は、蝦夷政策において目立った働きを見せていません。

時代基調の変化と上毛野君同祖氏族の蝦夷政策推進の変化に平行関係が見られることに注意したいと思います。上毛野君同祖氏族が蝦夷政策に深く関わったのは、地盤の一つが蝦夷の地に面する東国だったこともさることながら、四位の貴族として律令政策を強力に推進し、「諸蕃と夷狄の上に立つ小中華の国・日本」の「姿」を作り出すためだったからです。このことを忘れてはならないでしょう。

東国民衆と「夷狄」地経営

陸奥・出羽へ向かったのは支配階級、東国六腹朝臣だけではありませんでした。東国の百姓《おほみたから》は、柵戸《きのへ》の民として、大がかりな殖民、移住を命じられました。

柵戸の民は、兵士であり、開拓農民でした。一時的に徴発されたのではありません。陸奥・出羽での定住が求められました。
移住が活発になるのは、国土政策が一段と強力に進められるようになった霊亀改元（七一五）前後からです。『続日本紀』は次のように記しています。

和銅七（七一四）年十月二日の条
尾張・上野・信濃・越後らの国民二百戸を出羽柵戸に配す。

霊亀元（七一五）年五月三十日の条
相模・上総・常陸・上野・武蔵・下野、六国の富民一千戸を陸奥に移す。

養老元（七一七）年二月二十六日の条
信濃・上野・越前・越後、四国の百姓各百戸を出羽柵戸に配す。

わずか三年たらずの間に東国を中心とする民衆は出羽へ六〇〇戸、陸奥へ一〇〇〇戸、合計一六〇〇戸が移されました。
五〇戸をもって一郷とする律令の規定で換算すれば、三二郷となります。大郡の規定、一六郷以上二〇郷以下に照らせば、大郡二郡分に相当します。人口で数えれば、一戸の員数は二五人内外と考えられていますから、四万人の人間が、故郷を離れて、異域の民とされたことになります。一戸の人数が「内国」より少ないと考えても、三万人を下ることはないでしょう。

驚くほどの高い比率で移住がなされたことになります。奈良時代初めの人口は五〇〇万人ほどと考えられますので、今日の人口に直せば六〇万人以上の人間が動かされた計算になります。それもわずか三年ほどのことです。いかに大規模な殖民・移住政策がとられたかが想像できます。

故郷に残れた人々にも一時的徴発が次々とふりかかりました。和銅二（七〇九）年三月、巨勢朝臣万《麻》呂に徴発された遠江・駿河・甲斐・信濃・上野・越前・越中などの国人や、大野朝臣東人が率いた常陸・上総・下総・武蔵・上野・下野、六国の騎兵一〇〇〇人などは、その例です。陸奥・出羽への殖民政策は、防人徴発と同等の厳しさを持っていました。

陸奥・出羽へ直接向かわなかったとしても、陸奥・出羽の鎮所・柵戸に食糧を供給させられた有力者も相当な数にのぼります。『続日本紀』神亀元（七二四）年二月二十二日の条に、私穀を陸奥国の鎮所に献じて外従五位下（地域社会での貴族待遇）を与えられたと記される、従七位下大伴直南《蜷》淵麻呂、従八位下錦部《にしごり》安麻呂、无位烏《う》安麻呂、外従七位上角山君《つのやまのきみ》内麻呂、外従八位下大伴直国持、外正八位上壬生直《みぶのあたひ》国依、外正八位下日下部使主《くさかべのおみ》荒熊、外従七位上香取連《かとりのむらじ》五百嶋《いほしま》、外正八位下人生部直《おほふべのあたひ》三穂麻呂、外従八位上君子部《きみこべ》立花、外正八位上史部《ふひとべ》虫麻呂、外従八位上大伴直宮足らは氷山の一角です。

陸奥・出羽へと移住させられた人々は、どうなったでしょうか。

一端を示しているのが、神護景雲三（七六九）年三月十三日を中心とする、陸奥の人々の改氏姓です。『続日本紀』は、改氏姓記事を並べています。

半強制的な移住以前から陸奥に定住していた人々もあるでしょうが、改氏姓を得た人々の多くは、もと東国にあった人と見られます。

改氏姓の方向は、中央貴族の氏の名＋地名＋姓という形で定まっています。いかなる中央貴族と関係が深いかの出自を述べ、自らの勢力圏を示し、部姓に対する貴姓を求めるという形です。姓の順位を上げ、中央貴族から自立して、勢力圏の地名だけを氏の名に持つ形を目指しました。

注目すべきは、最も集中的に改氏姓が行われた神護景雲三（七六九）年三月十三日の賜姓のありようです。すべて、陸奥大国造道嶋宿禰《みちしまのすくね》嶋足《しまたり》の請う所によってなされました。

嶋足の家は、天平勝宝五（七五三）年に牡鹿連《おしかのむらじ》を得た家です。嶋足は、天平宝字八（七六四）年、藤原朝臣仲麻呂の乱の際、坂上忌寸《さかのうえのいみき》苅田麻呂《かりたまろ》とともに仲麻呂の子・訓儒麻呂《くずまろ》を射殺した功により、従七位上から従四位上へと一一階の特進と道嶋宿禰の姓を得ました。天平神護二（七六六）年には陸奥大国造に任じられます。

陸奥の人々の改氏姓が、陸奥の新興貴族・道嶋宿禰嶋足の請う所によってなされたことは、これらの人々が、東国の権力構造から離れて、陸奥の在地構造の中で自らの地位を確保しはじめたことを表わしています。名実ともに陸奥の有力な家として自立をはじめた人々にとって、目標とすべきは、東国六腹朝臣ではなく、道嶋宿禰嶋足となっていました。

東国六腹朝臣が蝦夷政策での力を失っていったことと、彼らと関係の深かった東国出自の民衆や有力者が陸奥の地での完全なる自立を始めたこととは鏡の裏表でした。

こうした過程をたどって、「夷狄」の地とみなされていた陸奥・出羽は日本となりました。特定の軍事貴族の働きによってと言うよりも、その地に広がった、東国出自を中心とする民衆や有力者の営みの結果です。

渡来集団定住の地としての東国

同時に、日本は、諸蕃の上に立つ国家をめざしました。さまざまな理由で渡来した人々を一括して帰化・投化者と表現し続けました。

ところが不思議なことに、『日本書紀』は、渡来系氏族の祖とされる人々の渡来伝承は頻繁に記すものの、朝鮮半島からの人々の集団渡来と定住の様子はほとんど記していません。

七世紀末の持統朝における新羅人・高句麗人の東国各地への移住・配置を除けば、伝説の時代の神功皇后摂政五年の条の「桑原《くははら》・佐糜《さび》・高宮《たかみや》・忍海《おしぬみ》、凡《すべ》て四つの邑《むら》の漢人《あやひと》(11)らが始祖」とされる新羅の「俘人《とりこ》ら」の話と、欽明天皇条に集中する六例、推古天皇十六(六〇八)年是歳条の「新羅人、多く化来」だけです。

欽明天皇の条には、新羅系の秦人《はたひと》(12)、百済系の漢人と韓人《からひと》(13)、高句麗系の高麗《こま》人がそろって出ています。定住の地は「倭国添上《やまとのくにそふのかみ》郡山村」(元年条)、「倭国高市《たけち》郡の大身狭《おほむさ》屯倉・小身狭屯倉」(十七年の条)、「山背《やましろ》国の畝原《うねはら》・奈羅《なら》・山村」(二十六年の条)とあります。宮居に近い倭《やまと》(奈良県北部)・山背《やましろ》(京都府南部)です。

欽明天皇の在位年を、単純に西暦換算すると、五三九年から五七一年となります。高句麗の南下による百済の一時滅亡と復興、倭王権の混乱と収拾という、五世紀後半から六世紀半ばにかけての流れに呼応する形で、朝鮮半島出自の人々が、日本列島に流れ、宮居周辺に定住をはたしたのはもっともです。

対して、七世紀末の持統朝における渡来集団の移住配置の地は、東国でした。百済・高句麗が新羅・唐連合軍の前に滅亡し、倭国軍も大敗を喫する流れが生みだした人々の移住でした。再掲すれば、次のとおりです。

元年三月　高麗人五十六人　常陸国
　　　　　新羅人十四人　下毛野国
元年四月　新羅僧尼百姓男女二十二人　武蔵国
三年四月　新羅人　下毛野
四年二月　新羅韓奈末許満ら十二人　武蔵国
四年八月　新羅人ら　下毛野国

『続日本紀』も、「駿河・甲斐・相模・上総・下総・常陸・下野七国の高麗人千七百九十九人を武蔵国に遷して始めて高麗郡《こま》を置く」（霊亀二〈七一六〉年五月十六日の条）、「武蔵国埼玉郡新羅人徳師ら男女五十三人を、請《こ》ふに依り金の姓となす」（天平五〈七三三〉年六月二日の条）、「帰化の新羅僧三十二人・尼二人・男十九人・女二十一人を武蔵国の閑地（未開発地）に移住させ、ここに始めて新羅郡を置く（後に新座郡、現在の新座市周辺）」（天平宝字二〈七五八〉年八月二十四日の条）、「上野国に在る新羅人子午足《しうまたり》(14)ら一百九十三人に姓、吉井連を賜ふ」（天平神護二〈七六六〉年五月八日の条）と記しています。

しかし、武蔵国高麗郡・新羅郡を入れても、渡来集団定住の地と断言できる郡は多くはありません。郷名や寺社名、現代地名や考古遺跡では渡来集団の多様な痕跡が確認できるのに、郡規模での集住の地は意外と見当たりません。

霊亀元（七一五）年七月二十七日の条に、「尾張国外従八位上席田君邇近《むしろだのきみじきん・にちか》および新羅人七十四家を美濃国に貫して（戸籍を移し）、始めて席田《むしろだ》郡を建つ」と記される席田郡を加えても次の程度です。厳密に言えば、上野国の二郡・甲斐国の巨麻（巨摩）郡は可能性です。

河内国　錦部《にしこり》郡（百済郷と余戸《あまるべ》のみ）
摂津国　百済郡（東部郷・南部郷・西部郷）
武蔵国　新座《しらぎ・新羅》郡（志楽《しらぎ》郷と余戸のみ）
　　　　高麗郡（高麗郷・上総《かむつふさ》郷）
美濃国　席田郡（四郷が所属）

上野国　甘良《かむら》郡[15]（貫前など十三郷、元十七郷）
　　　　多胡《たご》郡[16]（甘良郡からの韓級《からしな》など六郷）
甲斐国　巨麻《こま》郡（市川など八郷と余戸）

なぜか、移住記事が集中した下野国には、渡来集団の定住を想起させる郡がありません。下毛野朝臣古麻呂の采配によって各地に分散され、在来の人々との混住・一体化が進められたのでしょうか。

上野国も、渡来集団の定住が推定できるまでです。甘良郡は、多胡郡に四郷を分かつまでは十七郷を有する、上野国唯一の大郡でした。そして、上野一ノ宮貫前《ぬきさき》神社（名神大社《みょうじんたいしゃ》）も鎮座しています。しかし、渡来系と断言できる氏族を検出できていないことなどは、逆に、早期の定住、混住を物語っているのかもしれません。

このように、なお検討すべき課題が多いことは事実ですが。渡来集団の定住につながる郡が、圧倒的に東国に多いことも確かです。

興味深いことに、蝦夷の人々を内国の民として移住・配置した俘囚《ふしゅう》郷は、上野国に設けられました。碓氷《うすひ》郡・多胡郡・緑野《みどの》郡の各郡です。

他は遠く西国の周防《すほう》国吉敷《よしき》郡でした。また、播磨国の賀古《かこ》郡・賀茂郡・美嚢《みの》郡には、夷俘《いふ》郷が確認されます。周防国吉敷郡と播磨国の三例が、上野国の三例と同様なものであったかは不明ですが、上野国が蝦夷の人々を集団として受け入れたのは、前代以来の上毛野君—東国六腹朝臣の関係が下敷きにあったと考えられます。

東国が、諸蕃と夷狄の上に立つ小中華の国を国家目標とした日本の範となる地域と位置づけられていたことは否定できないようです。

そうした経験を有するがゆえに、東国六腹朝臣は、日本国の基盤となる諸政策を立案、実行できたのでしょう。

上毛野朝臣にまで視野を広げれば、渡来集団の活躍と関係の深い国の新設との関わりが見えてきます。美作《みまさか》国（岡山県東北部）の新設です。

大宝律令施行以降の奈良時代において、新設・存続した国は七つあります。出羽（和銅五年＝七一二年）、丹後・美作・大隅（和銅六年＝七一三年）、和泉[17]（霊亀二年＝七一六年）、能登・安房[18]（養老二年＝七一八年）です。

出羽・大隅は夷狄地とみなした地域の内国化、丹後・美作・能登は大きな地域の分割、和泉・安房は宮中とつながる地域の令制国化ですが、美作国には特別な前史がありました。

『日本書紀』欽明天皇十六（五五六）年の条に記される白猪屯倉《しらゐのみやけ》です。鉄生産という最先端産業を担っていた地域です。蘇我大臣稲目宿禰が派遣されて指揮に当たるほどの特区でした。

考古学的知見によれば、美作・備前北部の六世紀代の古墳からは、製鉄による「かなくず」が発見されています。六〜七世紀に美作地域では横穴式石室が爆発的に造られますが、陶棺と呼ばれる焼き物の棺が集中的に見つかっています。古墳築造が終わってからも伝統は生き続け、陶館のミニチュアと言われる火葬蔵骨器が作られました。

こうした考古学的知見は、白猪屯倉管理のために派遣された百済系渡来人・白猪史《しらゐのふひと》膽津《いつ》一族の定住を示唆します。白猪史の流れを汲むと見られる白猪臣が、美作国の中心部・大庭《おほば》郡の人として、たびたび現れていることからも裏付けられます（『続日本紀』天平神護二〈七六六〉年十二月二十九日の条・神護景雲二〈七六八〉年五月三日の条）。

『伊呂波字類抄』という、平安時代末期にまとめられた辞書には次のように書かれています。

旧記に曰はく、和銅六年甲寅《きのえとら》四月、備前の守《かみ》、百済《くだらの》（王）《こにきし》南典《なむてん》、介《すけ》、上毛野堅身《かたみ》等が解《げ》に依りて、備前の六郡を割きて、始めて美作の国を置く。云々。但し、風土記には、上毛野の堅身を以《も》ちて、便《すなは》ち国の守と為すといふ。

『続日本紀』の記載では、翌・和銅七（七一四）年十月十三日、津守《つもりの》連《むらじ》通《かよふ》が美作国守となっています。百済王南典、津守連通は明らかに百済系渡来人です。上毛野朝臣堅身も津守連通も従五位下でした。『伊呂波字類抄』の記載の信用度は高いと考えられます。

上毛野朝臣が美作国の新設に関わった前提として、上毛野朝臣の百済との縁、東国における渡来集団の定住促進と拠点開発の経験が想定されます。

藤原朝臣不比等を育てた車持君・田辺史

ところで、話は変わりますが、『竹取物語』は、どなたもご存知でしょう。

紫式部が、『源氏物語』絵合《えあわせ》の巻で、「物語の出で来はじめの祖《おや》なる竹取の翁」と書いた古典中の古典です。いくつかの名場面がありますが、五人の貴公子による、かぐや姫への求婚譚が特に有名です。

五人には難題が出されました。

石作皇子《いしつくりのみこ》には「仏の石の鉢」。庫《くら》（車）持《もち》皇子には「東の海の蓬萊の山の白銀《しろがね》を根とし黄金《こがね》を茎とし白珠を実《み》として立てる木」。右大臣阿倍御主人《あべのみうし》には「火鼠の皮衣《かはきぬ》」。大納言大伴御行《おほとものみゆき》には「龍の頸の五色に光る珠」。中納言石上麻呂足《いそのかみのまろたり》には「燕《つばくらめ》の持《もち》たる子安貝」。取得に至る苦労話と、得たものが紛い物だったこと、五人の貴公子は散々な目にあって退散したことが、ときに迫真の筆致で、ときに面白おかしく描かれています。

興味深いことに阿倍御主人、大伴御行は同名の実在の人物がいます。石上麻呂足も石上朝臣麻呂と見てよいでしょう。残る二人の皇子について、江戸時代後期の国学者・加納諸平《かのうもろひら》（一八〇六〜一八五七）は、石作皇子＝多治比真人嶋《たぢひのまひとしま》、庫《(車)》持皇子＝藤原朝臣不比等を提唱しました。異論はなく定説となっています。私も同感です。

この五人、『日本書紀』持統天皇十（六九七）年十月の条に「正広参《正三位相当》右大臣丹比《(多治比)》真人（嶋）に賓人《つかひびと》（高位高官者の雑使にあたる者）百二十人、正広肆《従三位相当》大納言阿倍朝臣御主人と大伴宿禰御行には並に八十人、直広壹《正四位下相当》石上朝臣麻呂と直広弐《従四位下相当》藤原朝臣不比等には並に五十人を賜ふ」と、特別な待遇を与えられた高官として登場します。五人が五人、一人も欠けることなく登場します。かつ、五人以外の人物はここに登場しません。

注目されるのは庫《(車)》持皇子＝藤原朝臣不比等説です。多治比真人が臣籍降下の皇親なのに対し、藤原朝臣は人臣だからです。『新撰姓氏録《しんせんしょうじろく》』が、多治比真人は皇別に、藤原朝臣は神別に区分していることからも明らかです。

なぜ、不比等は、庫《(車)》持皇子なのでしょうか。

謎解きには上毛野君一族が関わっています。

『竹取物語』では「庫《(車)》持」は「くらもち」と読まれていますが、元々の読みは「くるまもち」です。東国六腹朝臣の一つに車持君《くるまもちのきみ》（朝臣）という氏族《うぢぞく》がいます。

その車持君が、藤原不比等の母方であるという記載が、公卿の歴名録『公卿補任《くぎょうぶにん》』と、古い系図集『尊卑分脈《そんぴぶんみゃく》』に記されています。

『公卿補任』大宝元（七〇一）年中納言の項

従三位　藤原朝臣不比等…内大臣大織冠鎌足の二男（一名史《ふひと》）。母は車持国子君《くにこのきみ》之女、与志古《よしこ》娘《いらつめ》也。車持夫人《ぶにん》。

（肩書き注記）実は天智天皇の皇子云々。

『尊卑分脈』藤氏大祖伝　不比等伝の項

内大臣鎌足の第二子也。一名史《ふひと》。斉明天皇五（六五九）年生。公、避くる所の事有り。便《すなはち》、山科の田辺史大隅の家に養《やしな》ふ。其れ以て史と名づく也。母は車持国子君之女、与志古娘也。公、官任は右大臣正二位に至る。

不比等は、太政大臣正一位の極官を贈られた高官です。日本古代国家の設計と基盤作りを全面的に担った古代最高の政治家、執政官です。その不比等の母を、両書ともに車持君国子の娘・与志古娘と記しています。

そして、『公卿補任』の「車持夫人」という記載や、肩書き注記は、天智天皇落胤説をほのめかしています。

不比等＝天智落胤説は、著名な噂でした。十四世紀にまとめられた『帝王編年記』斉明天皇五（六五九）年の条は、噂の集大成です。

是歳、皇太子（中大兄皇子、後の天智天皇）妊《みごも》れる寵妃御息所《みやすどころ》の車持公の女婦人《むすめ》を、内臣《うちつおみ》鎌子（鎌足）に賜ふ。已《すで》に六箇月なり。件《くだん》の御息所を給ふ日、令旨《りょうじ》に曰く、「生まるる子、男に有らば臣の子と為し、女に有らば我が子と為さむ」と。爰《ここ》に内臣鎌子、守ること四箇月、厳重たり。

遂に其の子を生産《う》ましむ。已に男なり。仍《よ》りて令旨の如く、内臣の子と為す。其の子、贈太政大臣正一位勲一等藤原朝臣不比等なり。

そうした噂が定着するほど、不比等と天皇一家との関係は深かったと推察されます。

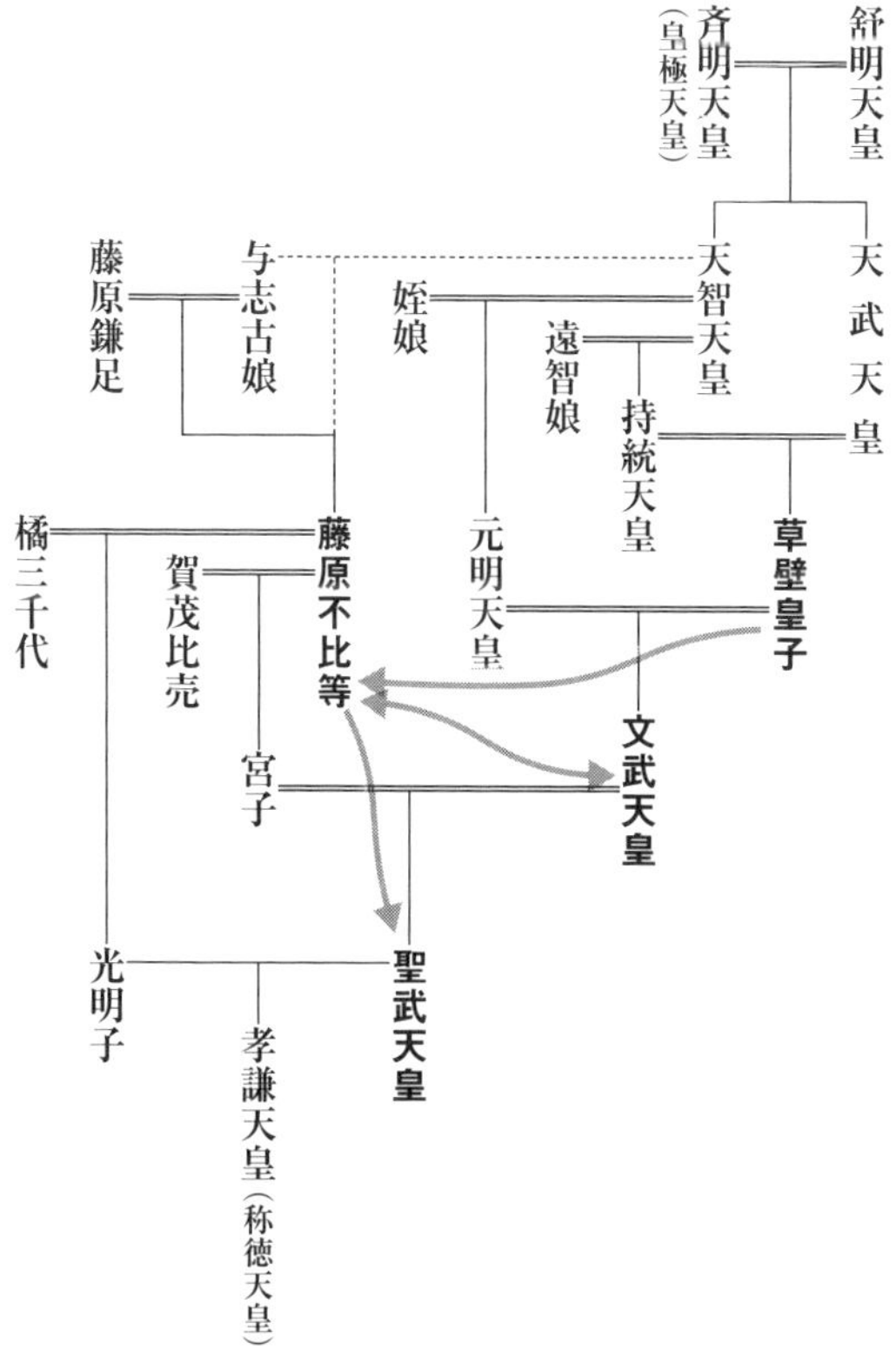

図６　黒作懸佩刀の流れ

持統天皇が、大津皇子を自害に追い込んでまで即位させようとした実子・草壁皇子が腰に帯びていた「黒作《くろづくり》懸佩刀《かけはぎのかたな》」の行方は、そうした推測を裏付けます。

『東大寺献物帳（国家珍宝帳）』によれば、黒作懸佩刀は、草壁皇子の死後、不比等に下賜され、草壁皇子の忘れ形見・軽皇子《かるのみこ》が文武天皇として即位した時に献じられます（図6）。文武天皇崩去の際には再び不比等に返され、不比等が亡くなった日、文武天皇と不比等の娘・宮子《みやこ》との間に生まれた首《おびとの》皇子（後の聖武《しょうむ》天皇）に献じられたとあります。

不比等の母が車持君の娘だっただけではありません。『尊卑分脈』に引用された藤氏大祖伝・不比等伝に、「公、避くる所の事有り。便、山科の田辺史大隅の家に養ふ。其れ以て史と名づく也」とあることも注目されます。

田辺史は、後に上毛野朝臣の氏姓を得る上毛野君同祖氏族です。「多奇波世君」の後裔を名のる集団の代表格です。「文書を解する」氏族であり、『日本書紀』や『続日本紀』の編纂に関わったことも見てきました。

「避くる所」とは何なのでしょうか。

鎌足の長子・貞慧（定恵）の波乱にみちた生涯と、不比等若年の政治史に謎解きの鍵があります。

『藤氏家伝』によれば、貞慧は、天智天皇四（六六五）年、二三歳の若さで殺されたとありますから、皇極天皇二（六四三）年の生まれとなります。『日本書紀』『藤氏家伝』に照らせば、鎌足が中大兄皇子（後の天智天皇）と昵懇《じっこん》になる以前の出生です。母の記載はありませんが、鎌足の正妻とされる鏡姫女《かがみのひめみこ》と見られます。

『藤氏家伝』の記載には錯誤がありますが、唐の永徽四（六五三）年に、数え一一歳の若さで入唐。長安の神泰法師の下で学び、天智天皇四（六六五）年九月に百済経由で帰国。その年の暮れ、才能を妬んだ「百済人士」に毒殺されたとあります。

貞慧が殺された時、不比等は数え七歳でした。長子を失った鎌足が、晩年、唯一の頼みとした不比等を必死で守り通そうとしたのは、当然です。

鎌足の死の年に不比等は一一歳。天智天皇が亡くなり、壬申の乱が勃発したときでも一四歳でした。鎌足の実質的な嫡子とはいえ、不比等は無力かつ足場のない存在でした。

選ばれた「避くる所」が「山科の田辺史大隅の家」でした。

山科（京都市山科区）には、鎌足の一つの拠点がありました。山階《やなしな》寺が建てられています。後に平城京に移されて興福寺となる藤原氏の氏寺です。天智天皇の陵《みささぎ》（山科陵＝御廟野《ごびょうの》古墳）が造られた土地でもあります。

山科が選ばれたのはもっともです。

しかし、なぜ田辺史大隅の家だったのでしょうか。史書は理由を語りませんが、田辺史が、不比等の母・車持君と並ぶ上毛野君同祖氏族であることに理由の一つがあったと見てよいのではないでしょうか。

天智朝から持統朝に至る上毛野君同祖氏族の動きを『日本書紀』で確認してみましょう。

天智朝においては、天智天皇二（六六三）年三月、前将軍上毛野君稚子が、二万七千人と称される大軍を率いて新羅―唐連合軍との戦いに向かいました。続いて上毛野君の名が見えるのは、朝臣賜姓を受けての上毛野朝臣三千です。「帝紀《すめらみことのふみ》及び上古《いにしへ》の諸事《もろもろのこと》を記し定める」役を与えられていました（天武天皇十〈六八一〉年三月の条）。

前後しますが、稚子に次いで上毛野君同祖氏族が現れるのは六七二年の壬申の乱です。大海人皇子側、大友皇子側に分かれて登場します。

大海人皇子側は佐味君宿那麻呂です。蜂起当初の少数の「豪傑《いさをし》」の一人でした（天武天皇元〈六七二〉年六月二十六日の条）。後、朝臣姓と直広肆《従五位下相当》の爵位を得、天武天皇十四〈六八五〉年には山陽使者に、持統天皇三〈六八九〉年には撰善言司に選ばれています。

大友皇子側が大野君果安《はたやす》と田辺小隅《をすみ》です。

果安は近江の将として、大伴連吹負《ふけひ》と乃楽《なら》山で戦い優勢でしたが、「八口《やくち》に至りて、㠑《のぼ》りて京を視るに、街《ちまた》毎に楯を竪《た》つ。伏兵有らむことを疑ひて、乃《すなは》ち稍《やうやく》に引きて還る」（天武天皇元年七月三日の条）と、戦線を離脱します。後、彼は殿上に戻ったと見られ、大野朝臣東人の薨伝に「飛鳥朝廷糺職大夫直広肆《従五位下相当》果安之子也」とあります（『続日本紀』天平十四〈七四二〉年十一月二日の条）。糺職大夫は後の弾正台尹《いん・かみ》（長官）に当たります。

小隅は「近江の別将《すけのいくさのきみ》」として登場します。情報戦に長けていたようですが、多臣品治《おほのおみほむぢ》に遮られて敗勢となり、戦線を離脱します。「以後、遂に復来《まうこ》ず」と記されます（天武天皇元年七月五日・六日の条）。その名から、不比等を養ったと伝わる大隅とは近い関係にあったと見られます。兄弟か親子でしょう。

壬申の乱は大海人皇子側の圧勝で終わり、大友皇子は自害しますが、王族・貴族ばかりか「天下百姓」も巻き込んだ巨大な内戦でした。不比等の置かれていた立場を考えれば、「避くる」以外の選択肢はなかったでしょう。将来を見据えて、田辺史や車持君のもとで多様な学問を学ぶしかありませんでした。

重要なのは、不比等を、日本という国家を設計する人物に磨き上げた学識、政治理論を、田辺史らの上毛野君同祖氏族は、集団として持っていたということです。田辺史だけでなく、上毛野君同祖氏族の天智朝から大宝律令編纂に至る流れを俯瞰鳥瞰してきたのは、その確認のためです。日本という国家を設計し、それを達成した古代最大の政治家、執政官、藤原朝臣不比等は、上毛野君同祖氏族によって育てられ、磨き上げられたと言っても過言ではないでしょう。

神宮となった鹿島・香取の神の社

藤原朝臣、あるいは、その母体となった中臣朝臣と東国の関係を考えるとき、もう一つ忘れてはならないことがあります。

鹿島神宮（茨城県鹿嶋市）、香取神宮（千葉県香取市）との関係です。

鹿島・香取の両神宮には、二つの際立った特色があります。

第一は、「神宮」です。

「神宮」と呼ばれる社は、北は北海道神宮から南は鹿児島神宮まで、二五社あります。しかし二〇社は明治の新制です。明治神宮などは大正九（一九二〇）年の創建です。橿原神宮でさえ明治二十三（一八九〇）年、平安神宮も明治二十八（一八九五）年の創建です。

古い、由緒ある神宮は五つだけです。伊勢神宮（三重県伊勢市）、日前《ひのくま》・国懸《くにかかす》の両神宮(19)（和歌山県和歌山市）と、鹿島・香取の両神宮です。伊勢神宮は通称で、正しくは、何も冠しない神宮です。神宮は、神宮（伊勢神宮）と、日前・国懸、鹿島・香取の四社と言うべきでしょう。

しかも、『延喜式』神名帳《じんみょうちょう》に神宮と記されているのは、（伊勢）神宮と鹿島・香取の両神宮だけです。

ただ、ここには問題があります。『日本書紀』には、鹿島・香取も、日前・国懸も神宮とは記されていません。崇神天皇の条に大神《おほみわ》神社を神宮と呼んでいる歌と出雲大神宮《おほかみのみや》という記載が一例見える以外で、神宮と記載されているのは伊勢神宮と石上《いそのかみ》（振《ふる》）神宮だけです。

鹿島・香取が（伊勢）神宮と並んで三神宮と呼ばれるようになった理由と経緯を調べることは、日本国家の成り立ちを考える上で重要です。

足がかりとなるのが「神郡」です。神社の経営のために設けられる特別な郡です。郡司は、親族による継承が原則禁止されていますが、神郡だけは、三親等の継承が許されています。非常に特殊な郡です。

神郡は（伊勢）神宮、日前・国懸両神宮、鹿島・香取両神宮と宗像神社（福岡県宗像市）、熊野《くまのに》坐《います》神社（島根県松江市）、安房坐《あはにいます》神社（千葉県館山市）の八つの神社にだけ置かれました。

神郡の設置が鹿島・香取の第二の特色です。香島《鹿島》郡が神郡として成り立つ様子が『常陸国風土記』に記されています。稀有な例です。(20) 引用してみましょう。

古老曰く。難波長柄豊前大朝駅宇《なにはながらとよさきのみかどにあめのしたしろす》(孝徳)天皇《すめらみこと》之《の》世《みよ》、己酉年《つちのととりのとし》(六四九年)、大乙上《正八位上相当》中臣□子・大乙下《正八位下相当》中臣部兎子ら、惣領高向《たかむく》大夫に請ひて、下総国海上国造部内《うなかみのくにのみやつこのくにうち》軽野以南の一里と那《な》賀国造部内《かのくにのみやつこのくにうち》寒田以北の五里を割きて、別に神郡を置く。其の処に有る天之大神社《あめのおほかみのやしろ》・坂戸《さかとの》社《やしろ》・沼尾社《ぬまをのやしろ》、三処を合わせて、惣て香島天之大神《かしまのあめのおほかみ》と称す。因りて郡を名づく。

『常陸国風土記』の記載は、次のように整理されます。

① 鹿島神宮は、天之大神社（鹿嶋市宮中《きゅうちゅう》）・坂戸社（鹿嶋市山之上《やまのうえ》）・沼尾社（鹿嶋市沼尾）の三社で成り立ち、香島天之大神と呼ばれていた。
② 常陸国内の那珂地方（那珂郡ではなく那珂国造の部内《くにうち》と記載）の五里だけでなく、下総国の海上地方（海上国造の部内）からも一里が加えられて、神郡とされた。
③ 神郡は、中臣の氏名《うぢな》を持つ、地域の有力者（郡司層）の陳情によって成り立った。(21)
④ 神郡の設置は、孝徳天皇の六四九年とみなされていた。

神郡が設けられた社が特に重視されたことは確かです。古い、由緒ある五神宮にはすべて神郡

表7　八神郡

	所在（現在地）	神郡	推定郷数
（伊勢）神宮（内宮・外宮）	三重県伊勢市	伊勢国多気郡・度会郡	20
日前神宮	和歌山県和歌山市	紀伊国名草郡	24
国懸神宮			
鹿島神宮	茨城県鹿嶋市	常陸国鹿島郡	18
香取神宮	千葉県香取市	下総国香取郡	6
熊野坐神社	島根県松江市	出雲国意宇郡	8
宗像神社	福岡県宗像市	筑前国宗像郡	14
安房坐神社	千葉県館山市	安房国安房郡	8

が設置されています。

そのなかで、六里（郷）で出発した鹿島郡は、『和名類聚抄』では一八郷を数えるまでに拡充されています。重複や誤記があるかもしれませんが、大変な拡大です。伊勢神郡が二〇郷、日前・国懸両神郡が合わせて二四郷ですから、鹿島郡一八郷の多さが浮かび上がります。香取神郡と合わせると二四郷となり、伊勢神郡の郷数を超えます（表7）。

鹿島・香取両神宮は、なぜ、これほどまでに重視される社となったのでしょうか。理由は二つあると思われます。

第一は、両神宮の祭神の伝承からうかがわれる武の側面および蝦夷政策です。

社伝などによれば、鹿島神宮の祭神は、武甕槌《たけみかづち》（雷）大神《おほかみ》、香取神宮の祭神は経津主大神《ふつぬしのおほかみ》、一名、伊波比主命《いはひぬしのみこと》です。[22]『日本書紀』神代《かみよ》下《しものまき》第九段に描かれる国譲り神話の中心的神格です。両神は、ともに、高天原から葦原中国《あしはらのなかつくに》に下され、大己貴《おほなむち》神（＝大国主神）・事代主《ことしろぬし》神の親子神を屈服させて国譲りを成し遂げた神と描かれています。

国譲り神話には様々な異伝がありますが、両神宮の祭神が武神であることは共通しています。鹿島神宮の神宝も、わが国最古最大の直刀《ちょくとう》・黒漆平文大刀拵《こくしつひょうもんたちこしらえ》（国宝）です。

そして『日本三代実録』貞観八（八六六）年正月二十日の条には「常陸国鹿島神宮司言す。大神の苗裔神卅八社、陸奥国に在り。菊多《きくた》郡一。磐城《いはき》郡十一。標葉《しば》郡二。行方《なめかた》郡一。宇多《うだ》郡七。伊《い》具《ぐ》郡一。曰理《わたり》郡二。宮城《みやぎ》郡三。黒河《くろかは》郡一。色麻《しかま》郡三。志太《しだ》郡一。小田《おだ》郡四。牡鹿《おしか》郡一。古老の云ふを聞くに、延暦以往《八世紀末以降》、大神の封物を割きて、彼の諸の神社に奉幣す」とあります。鹿島の神は陸奥国に勧請、展開されていきました。東国の民衆や有力者の陸奥移住の物証の一つです。

しかし、それだけが鹿島・香取の両神宮が特に重視された理由ではなかったようです。

第二の理由は何でしょうか。

春日大社（奈良県奈良市）の社伝がはっきりと述べています。春日大社のホームページ（http://www.kasugataisha.or.jp/　太字は引用者）を引用させていただきましょう。

春日大社は、**今からおよそ一三〇〇年前、奈良に都ができた頃、**日本の国の繁栄と国民の幸せを願って、遠く**茨城県鹿島から武甕槌命《タケミカヅチノミコト》を神山御蓋山《ミカサヤマ》山頂浮雲峰《ウキグモノミネ》にお迎えした。**やがて天平の文化華やかなる神護景雲二年（七六八年）十一月九日、称徳天皇の勅命により左大臣藤原永手によって、**中腹となる今の地に壮麗な社殿を造営して千葉県香取から経津主命様、また大阪府枚岡から天児屋根命様・比売神様の尊い神々様をお招きし、**あわせてお祀り申しあげたのが当社の始まりです。

春日大社は藤原朝臣の氏神と言われますが、藤原朝臣の祖とされる天児屋根命《あめのこやねのみこと》以上に、武甕槌命と経津主命が主要な祭神です。両神は鹿島、香取から勧請された神でした。

『文徳天皇実録』嘉祥三（八五〇）年九月十五日の条は、そのことを端的に記しています。

参議藤原朝臣助を遣はし春日大神社《おほかみのやしろ》に向はす。…建御賀豆智命《たけみかづちのみこと》、伊波比主命の二柱の大神をば正一位に、天児屋根命をば従一位に、比売神をば正四位上に上げ奉り崇《たた》へ奉る状を神の財を捧げ持たして出で奉らす…。

建御賀豆智命《たけみかづちのみこと》・伊波比主命には最高位の正一位が贈られました。しかし、天児屋根命は一階下の従一位です。藤原朝臣にとって鹿島・香取の両神は、それほど重要だったということです。

国譲り神話の構成も、そこから作り出された可能性があると見られます。

しかも、ここが大切なところですが、武甕槌・伊波比主の両神は、鹿島・香取を本拠として祀り続けられました。

嘉祥三年の少し前のことですが、『続日本後紀』承和六（八三九）年十月二十九日の条は「下総国香取郡に坐す正二位伊波比主命、常陸国鹿島郡に坐す正二位勲一等建御加都智命に並べて従一位、河内国河内郡に坐す正三位勲二等天児屋根命に従二位、従四位上比売神に正四位を授け奉る」と記しています。

藤原朝臣にとっての春日大社を、皇室の伊勢神宮に対応させる考えが一般的かもしれません。しかし、春日大社は、宮中の賢所《かしこどころ》に対応するものです。伊勢神宮に対応するのは鹿島・香取の両神宮と考えるべきでしょう。

だからこそ、鹿島・香取は、伊勢神宮と並ぶ三神宮となったと考えられます。

これが、鹿島・香取が重視された第二の理由です。あるいは最大の理由です。日本という国家を根底で支える祭祀においても、東国は、きわめて重要な役割を果たし続けていたということです。

第六章　結びつける力――日本語・地域・仏教と東国

民の視点を今に伝える世界の記憶・上野三碑《こうずけさんぴ》

民衆の視点、地域の視点で、東国から日本という国家が誕生したときを描きたいと考えてきましたが、ふさわしい史料は、なかなか見つかりません。二〇一七年ユネスコ「世界の記憶(Memory of the World)」に登録された上野三碑《こうずけさんぴ》は、数少ない史料の一つです。

おこがましい話ですが、上野三碑の「世界の記憶」登録の一つのきっかけは、私の発言でした。二〇一二年の春、ひとりの県議会議員から問いかけられました。

「上野三碑を『生きた宝』として地域から世界に発信する方法はないか」

頭に浮かんだのが「世界の記憶」です。人類史にとってかけがえのない、銘文や直筆の文書などを、共有の記憶として守ろうという事業です。朝鮮通信使に関する記録が登録されたことで、知名度も上がりましたが、当時、日本では山本作兵衛炭坑記録画（二〇一一年登録、福岡県田川市）が選ばれていただけでした。しかし、マグナ・カルタ、ベートーヴェン第九交響曲の自筆譜面、アンネ・フランクの日記などが登録されていることを説明して、重要性をご理解いただきました。県議は早速、議会で提案され、知事も即座に推進を決定されました。官民挙げての「上野三碑世界記憶遺産登録推進協議会」が組織され、わずか五年で「世界の記憶」となりました。

上野三碑とは、すべて特別史跡である山上碑《やまのうえひ》（六八一年・高崎《たかさき》市山名《やまな》町山神谷《まちやまがみだに》）・多胡碑《たごひ》（七一一年・高崎市吉井町池《よしいまちいけ》）・金井沢碑《かないざわひ》（七二六年・高崎市山名町金井沢）からなる日本最古の石碑群です。

半径わずか一・五キロメートル、時代差半世紀の間に収まります。集中性から「上野三碑」と呼ばれてきました。

しかし、一三〇〇年も前の碑文が簡単に読めるのかと疑問に思われる方も多いでしょう。ご覧ください。日本最古の石碑、山上碑の拓本です（図4）。

摩滅が進んでいる文字、現代の字体と異なる文字もありますが、四行五三字、ほぼ次のように文字を拾われたことと思います。

辛己（巳）歳集月三日記
佐野三家定賜健守命孫黒賣刀自此
新川臣児斯多々足尼孫大児臣娶生児
長利僧母為記定文也　放光寺僧

文字が拾えたのは、一三〇〇年前と同じ字体の漢字を、今も私たちが使っているからです。字体が大きく変わってしまったり、文字の体系を大きく変えてしまったりしていては、こうはいきません。楷書という形で書体・字体が確立された段階で日本列島に漢字が体系的に導入され、その後、その字体が国民の間に定着し共有され続けたからです。

文字までは拾えても漢字ばかりが並んでいるではないか、漢文ではお手上げという方もおられるかもしれません。四行目を見てください。「長利僧母為記定文也」と並んでいます。「母為」とあります。漢文なら「為母」のはず。そう思って見ると、頭から「長　利　僧《ながとし・ちょうりのほうし・そう》、母の為《ため》に記《しる》し定《さだ》める文也《ふみなり》」と読めることに気づかれたことと思います。漢文ではありません。日本語で書かれています。

その目で冒頭に戻ると、「辛己《かのとみの》（巳）歳《とし》集月三日記す。佐野三家《さののみやけ》と定め賜《たま》わる健守命《たけもりのみこと》の孫、黒賣刀自《くろめとじ》、此《こ》れを、新川臣《にいかわのおみ》の児、斯多々弥足尼《したたみのすくね》の孫、大児臣《おおごのおみ》、娶《めと》り生む児、長　利　僧《ながとし・ちょうりのほうし・そう》、母の為《ため》に記し定める文也《ふみなり》　放光寺《ほうこうじ》僧」と、一度も返ることなく日本語の語順で読めそうです。読み継ぐことが大切なので、現代仮名遣いで読んでみました。完全な日本語です。

三碑すべてが、少しの案内があれば、だれもが文字を拾え、読むことができます。

私はここに「世界の記憶」としての三碑の最大の価値を感じています。いかに古かろうが読めない石碑群であっては、記憶として継承し続けることは困難です。読めるからこそ「世界の記憶」と言えます。

ベートーヴェン第九交響曲の自筆譜面が「世界の記憶」の代表格と言われるのは、作曲されて二百年、世界中の人々が奏で、歌い、聞き続けているからです。三碑もまた、読み継ぐことで初めて生かされます。

いくつかの本で詳細な読みは検討してきましたので、[1] 論証は簡潔にまとめ、民衆の視点、地域の視点の価値を見ていきましょう。

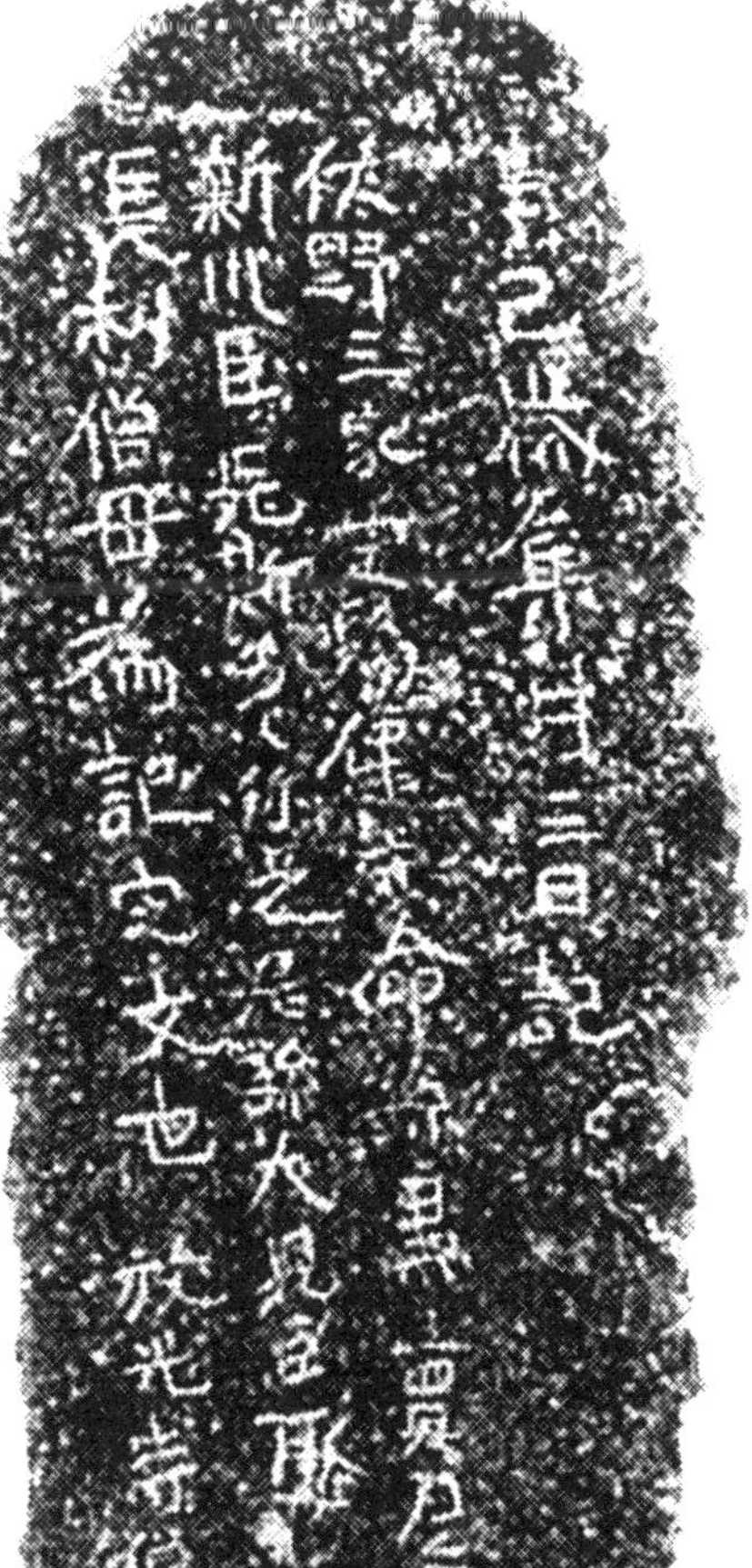

図４　山上碑拓本

まずは山上碑です。

《読み書き》できる日本語の成立――山上碑《やまのうえひ》の語る世界

山上碑は、冒頭から「辛己《かのとみの》（巳）歳《とし》集月三日記す。佐野三家《さののみやけ》と定め賜《たま》わる健守命《たけもりのみこと》の孫、黒賣《くろめ》自《じ》、此《こ》れを、新川臣《にいかわのおみ》の児、斯多々弥足尼《しただみのすくね》の孫、大児臣《おおごのおみ》、娶《めと》り生む児、長　利　僧《ながとし・ちょうりのほうし・そう》、母の為《ため》に記し定める文也《ふみなり》　放光寺《ほうこうじ》僧」と日本語の語順で読めますが、的確な行替えがされています。

一行ごとに読み解くことができます

【一行目】辛己《かのとみの》（巳）歳《とし》集月三日《みっか》記《しる》す

「辛巳《かのとみ》」と見た場合、六八一年と決められる根拠は、どこにあるでしょうか。

下限ははっきりしています。強調してきたように、わが国は、日本という国家が成立した七〇一年の大宝元年から一貫して独自の元号を使い続けています。碑の辛巳は七〇一年以前となります。逆に、七一一年の多胡碑は和銅四年、七二六年の金井沢碑は神亀三年と、確かに元号を用いています。

上限は、碑に刻まれた僧と寺の存在が導きとなります。発掘調査によって、山上碑の放光寺は、七世紀半ば建立の山王廃寺《さんのうはいじ》（前橋市総社町《そうじゃまち》）と呼ばれてきた寺であることが判明しています。ここが上限です。

干支ですから六〇年ごとに同じ干支が回ってきます。七世紀後半段階で辛巳となるのはいつか。

幸いに六八一年しかありません。

「集月」は「集」の音が「十」に通ずることから、「十月」ではないかという説が一般的ですが、他に「集月」の用例はありません。また、月の異名に「集月」は見つかりません。無理に音で結び付けず、分からないものは分からないとして、「集月」と読んでおくのが真摯な態度でしょう。

「辛巳歳集月三日記」という書き出しは、埼玉稲荷山古墳出土鉄剣の書き出し「辛亥年三月中記」以来の伝統に立っています。山上碑を前後する七世紀代の造像銘の多くも同様の書き出しです。ところが金井沢碑・多賀城碑になると、「いつこの碑を記したか」は碑の最後に書かれることになります。興味深い変化です。

【第二行】佐野三家《さののみやけ》と定め賜《たま》わる健守命《たけもりのみこと》の孫、黒賣刀自《くろめとじ》、此《これ》を

「佐野」の「野」を「ぬ」と読む説があります。「野」を表す万葉仮名の「努」を「ぬ」と読んだ江戸期の国学者・石塚龍麿（一七六四～一八二三）の説の踏襲です。しかし、国語学者・橋本《はしもと》進吉《しんきち》（一八八二～一九四五）の研究によって「努」や「怒」は「の甲類no」の音仮名であることが明白となっています。「さの」が良いでしょう。

「三家」は『古事記』の神武天皇段に「筑紫三家連《つくしのみやけのむらじ》」とあることなどから「みやけ」と読むことが分かっています。『日本書紀』の「屯倉」に当ります。ミヤケは王権の直轄地と説明されることが多いようですが、『日本書紀』が描く屯倉の実像からは、開発特区的な色彩がうかがわれます。いずれにせよ、「佐野三家《さののみやけ》」は、王権と地域とを結ぶきわめて重要な地点と考えられます。[2]

「定賜」は一括《くく》りの文言として、『古事記』と、『続日本紀』掲載の宣命《せんみょう》（やまとことばでの天皇の詔勅）、そして『先代旧事本紀』国造本紀によく使われています。天皇（大王）が何かを定められるという意味合いの言葉です。健守命《たけもりのみこと》を佐野三家の管理者と定めたということです。

健守命は、天皇ではありませんから、主語とはなれません。「定め賜わる」と受け身で読むのがふさわしいでしょう（文語体・歴史的仮名遣いなら「賜はる」）。

「命」は「みこと」と読みます。神となった偉大な先祖、始祖を指す敬称です。

「黒賣刀自《くろめとじ》」は四行目の母にあたります。「刀自」が名の一部なのかは諸説ありますが、山上碑は彼女の為に書かれています。

黒賣刀自と同格の「此《これ》」が加えられた意味は何でしょうか。

「此」がなくても、文意は通じます。

しかし「此」があると、三行目の大児臣《おおごのおみ》が黒賣刀自を娶って、長利僧が生まれたという関係が、明確になります。

大きな工夫だと私は考えています。山上碑の構文の中で最大の創意かもしれません。

【三行目】新川臣《にいかわのおみ》の児、斯多々弥足尼《したたみのすくね》の孫、大児臣《おおごのおみ》、娶《めと》り生《う》む児

『古事記』『日本書紀』の「新」の訓読例は「にい（文語体なら「にひ」）」です。新川は「にいかわ《（文語体）にひかは》」です。新川《にっかわ》の地名が桐生《きりゅう》市新里町《にいさとまち》に残ります。山上碑隣接の山上古墳類似の中塚《なかつか》古墳が現存しています。「臣《おみ》」は身分表示の姓《かばね》でしょうが、今のところ他の史料で新川臣という氏族は確認できていません。

「斯多々弥《しただみ》」は、小型の巻貝です。『古事記』『日本書紀』『万葉集』に登場し、細螺・小螺の文字が当てられています。

「足尼《すくね》」は、埼玉稲荷山古墳出土鉄剣から使われている身分表示です。姓「宿禰《すくね》」の別表記と見られます。大児《おおご》（文語体なら「おほご」）の名を伝える大胡《おおご》の地名が前橋市大胡地区に残ります。大胡地区の堀越町《ほりこしまち》には、山上古墳・中塚古墳類似の堀越古墳が現存しています。

「児」は、了の意味と「こ」の音仮名の両者で使われていることが三行目で分かります。

「娶」は、文字通り、男が女を「めとる」文字です。「生」は、拓本などでは確認が困難で、「二」に見えるかもしれませんが、丁寧に見ると、確かに縦線があります。

「娶生児《子》」という熟語は、『古事記』『上宮聖徳法王帝説』に頻出しています。たとえば『上宮聖徳法王帝説』は、聖徳太子（厩戸豊聡耳《うまやどのとよとみみ》）が用明天皇（橘豊日天皇《たちばなのとよひすめらみこと》）の正嫡男であることを「伊波礼池邊雙槻宮治天下橘豊日天皇、娶庶妹穴穂部間人王、為大后、生児、厩戸豊聡耳聖徳法王（伊波礼池邊《いはれいけべ》雙槻宮《なみつきのみや》治天下《あめのしたしらしめしし》橘豊日天皇、庶妹《ままいも》、穴穂部間人王《あなほべのはしひとのひめみこ》を娶りて大后《おほきさき》となし、生む児、厩戸豊聡耳聖徳法王）」と記しています。

同じ用法を、和文脈に書き換えた意義は、大きいと考えられます。

【第四行】　長利僧《ながとし・ちょうりのほうし・そう》、母の為に記し定める《（文語：定むる）》文也《なり》　放光寺僧《ほうこうじ》

「長利」は、個人名なら「ながとし」、法号なら「ちょうり」です。「僧」も「そう」と「ほうし（文語体なら「ほふし」）」の両説が成り立ちます。みなさんは、どう読まれるでしょうか。

要は、大児臣が黒賣刀自を娶って生まれた児である長利が放光寺の僧となり、自分を僧に育て上げてくれた母への感謝を込めて、この碑を建てたということです。

このことに多くの人々が感動しています。

母の愛と母への感謝が、現存するわが国最古の石碑の内容だったからです。

中国・韓国の先生方も言われました。

「わが国にはもっと古い碑がいくつもある。しかし、それらは、皇帝か王の命令であるか、功成った将軍・貴族の顕彰碑である。一介の僧侶が母を想う碑などない」

この点が、山上碑が人類共有の宝たりうる一つの価値ですが、山上碑には、もう一つの大切な価値があります。《話す・聞く・書く・読む》のすべてが揃った日本語の成立を考える上で、かけがえのない史料だということです。

日本列島における文字資料は、紀元前後から確認されますが、現在のところ、埼玉稲荷山古墳出土鉄剣銘文（四七一年）が、確実に日本列島で書かれた最古の文と見られます。稲荷山古墳出土鉄剣は「やさしい漢文」で書かれていました。

「児」や「足尼《すくね》」、繰り返しの文字「〻」の使用、書き出しの形式などは山上碑に継承されています。大きな変化は、漢文脈が和文脈に変わっている点です。

私たちは、無文字の社会から出発しました。固有の文字を持たない地域集団でした。一方で

『万葉集』に見られるような豊かなことば空間を持っていました。この巨大な間隙をどう埋めるかは、民族形成の大きな課題でした。

また、地域出自を異にする多様な人々が列島社会には住みあっていました。渡来の時期もさまざまでした。そうした人々が列島社会で住み続け合うためには、発音が違っても、見れば理解しあえる言語宇宙が不可欠でした。

共通の書記言語、《読み書き》できる文字と文の体系が強く求められていました。

私たちの選択は、漢字・漢文が文明の核である中華文明の受容でした。しかし、漢文と日本語では構文規則が全く違っています。漢文で苦労された方も多いことでしょう。

私たちは、私たち固有の《話す・聞く》の発音と構文規則を基礎に、漢字・漢文を《書く・読む》の表現手法として組み直しました。

日本文化史上、最大の出来事の一つです。

その歩みを考えるとき、四七一年の埼玉稲荷山古墳出土鉄剣と六八一年の山上碑は、定点中の定点となります（表8）。

表のように、「やさしい漢文」の時代を経て、七世紀半ばになると、爆発的に、日本語らしい日本語表現が登場してきます。その時代は、日本が国家として完成していく時代と重なります。偶然の一致ではありません。

《話す・聞く・書く・読む》がすべて揃った日本語の成立が、人々を結びつける力となりまし

表8　金石文と表記の流れ

5世紀半ば			稲荷台1号墳出土鉄剣銘文	千葉県市川市
471	**辛亥年**	**「やさしい漢文」**	**埼玉稲荷山古墳出土鉄剣銘**	**埼玉県行田市**
5世紀後半		「やさしい漢文」	江田船山古墳出土鉄刀銘	東京国立博物館
503	癸未年	「やさしい漢文」	隅田八幡神社人物画像鏡銘	和歌山県橋本市
6世紀半ば			岡田山1号墳出土鉄刀銘文	島根県松江市
570	庚寅年		元岡古墳群G6号古墳出土鉄製大刀	福岡市西区
607	丁卯年	和文脈・ 後刻の可能性大	法隆寺金堂薬師如来像光背銘	奈良県斑鳩町
623	癸未年	漢文脈	法隆寺金堂釈迦如来像光背銘	奈良県斑鳩町
628	戊子年	漢文脈	法隆寺金堂釈迦三尊像光背銘	奈良県斑鳩町
650推定		「やさしい漢文」 または和文脈	法隆寺金堂 木造広目天・多聞天造像銘	奈良県斑鳩町
650前後		和文脈 (万葉仮名表記)	難波宮跡出土歌木簡 「皮留久佐乃皮斯米之刀斯」	大阪市中央区
651	辛亥年	「やさしい漢文」 または和文脈	法隆寺献納宝物金銅観音菩薩像 台座銘	東京国立博物館
654	甲寅年	漢文脈	法隆寺献納宝物釈迦如来像台座銘	東京国立博物館
658	戊午年	漢文脈	旧観心寺蔵阿弥陀如来像光背銘	東京・根津美術館
666	丙寅年	「やさしい漢文」 または和文脈	法隆寺献納宝物菩薩半跏像台座銘	東京国立博物館
666	丙寅年	和文脈・ 後刻の可能性大	野中寺銅造弥勒菩薩半跏思惟像	大阪府羽曳野市
668	戊辰年	漢文脈・ 後刻の可能性あり	船王後墓誌	東京三井記念美術館
677	丁丑年	漢文脈・ 後刻の可能性あり	小野毛人墓誌	京都市左京区
680前後		和文脈・宣命体木簡、出始める 柿本人麻呂歌集の略体歌・非略体歌の推定年代		
681	**辛巳年**	**和文脈**	**山上碑**	**群馬県高崎市**
680前後以降			法隆寺幡 (壬午年《682》・壬辰年《692》は和文脈)	奈良県斑鳩町等
686?	降婁	漢文脈	長谷寺法華説相図	奈良県
692	壬辰年	「やさしい漢文」 または和文脈	出雲国鰐淵寺観音菩薩台座銘	島根県出雲市
694	甲午年	和文的表現を含む 漢文脈	法隆寺金堂観音菩薩造像記銅板	奈良県斑鳩町
700	**庚子年**	**漢文脈と和文脈の 混交**	**那須国造碑**	**栃木県大田原市**
702	壬歳次攝提格	和文脈	豊前国長谷寺観音菩薩像台座銘	大分県中津市

た。《話す・聞く・書く・読む》の揃った言語宇宙を獲得することで、列島の多様な地域集団は、社会を持続的に発展させる基盤を入手できたのです。

山上碑は、日本誕生の生き証人です。「世界の記憶」にふさわしい超一級の史料です。それが、今、だれにでも読めることの意義を、改めて強調したいと思います。

新しい地域を成した宣言——多胡碑《たごひ》の語る世界

続いて、多胡碑を読んでいきましょう（口絵5、図5）。

左のように拾われたことと思います。

弁官苻上野國片罡郡緑野郡甘
良郡并三郡内三百戸郡成給羊
成多胡郡和銅四年三月九日甲寅
宣左中弁正五位下多治比真人
太政官二品[穂積]親王左太臣正二
位石上尊右太臣正二位藤原尊

一行目に見られる「罡」は、「岡」の一つの字体です。五世紀初頭の高句麗好太王碑文から少なくとも江戸時代まで使われました。
字体で特に注目したいのは「穂積」の字体です。□で囲みました。拓本をじっと見ると、お分かりでしょう。禾偏《のぎへん》であるところが神事を表す示偏《しめすへん》となっています。どうしてでしょうか。後段で考えていきましょう。(3)

「弁官苻(符)、上野國片罡郡《かみつけののくにかたおかのこおり》・緑野《みどの》郡・甘良《かんら》郡、并《あわ》せて三つの郡の内、三百戸は郡を成し、給羊、多胡《たご》郡と成す。和銅四年三月九日甲寅《きのえとら》。宣は左中弁正五位下《さちゅうべんしょうごいげ》多治比真人《たじひのまひと》、太政官《だいじょうかん》は二品《にほん》穂積親王《ほづみのみこ》、左太臣は正二位石上尊《いそのかみのみこと》、右太臣正二位藤原尊」と読めそうです。

「弁官苻」と「給羊」に、なぜ振り仮名を振らないのかと不審に思われるでしょうが、まずは、ほぼ語順のままに読めることに注目してください。「やさしい漢文」ないし「漢文脈を含む和文」と見られます。

多胡碑は、三碑のなかでは最も知名度の高いものです。しかし、通説化している読みにはかなりの違和感があります。私なりに一つひとつの文言、構文を、同時代史料と比較しつつ、読み直してみたいと思います。

多胡碑は、六行八〇文字からなっています。一三字・一三字・一四字・一三字・一四字・一三字という、非常に秩序だった構成で刻まれています。しかも内容から、前半・後半三行四〇文字ずつに分かれます。

前半三行四〇字は、「弁官苻、上野國片罡郡《かみつけののくにかたおかのこおり》・緑野《みどの》郡・甘良《かんら》郡、并《あわ》せて三つの郡の内、三百戸は郡を成し、給羊、成多胡《たご》郡。和銅四年三月九日甲寅《きのえとら》」とあります。和銅四（七一一）年三月に、上野国の「片罡・緑野・甘良と記される三つの郡のうちから新しい郡（＝多胡郡）が出来た」ことが読み取れます。

大意は、「給羊」を除けば、『続日本紀』和銅四年三月辛亥《かのとゐ》の条の「割上野國甘良郡織裳・韓

図５　多胡碑拓本

級・矢田・大家、緑野郡武美、片岡郡山等六郷、別置多胡郡（上野國甘良郡織裳・韓級・矢田・大家、緑野郡武美、片岡郡山等六郷を割きて、別に多胡郡を置く）」と符合します。

これまでの研究ではこの部分は省略しますが、上野國《かみつけののくに》甘良郡《かむらのこほり》織裳《おりも》・韓級《からしな》・矢《や》田《た》・大家《おほやけ》、緑野《みどの》郡武美《むみ》、片岡《かたをか》郡山《やま(和銅当時は山部)など》等六郷を割きて、別に多胡《たご》郡を置く

符合が評価されています。

しかし、私は、多胡碑の表現と『続日本紀』の表現の違いこそが重要だと考えています。たとえば、日付が違います。『続日本紀』は辛亥（六日）、多胡碑は九日甲寅です。『続日本紀』の原史料と見られる行政命令書（太政官符《だいじょうかんぷ》）の発給日が六日辛亥で、到着日が九日甲寅（多胡碑）という考え方もあります。しかし、行政命令書は発給日が重要です。その目で見ると、『続日本紀』の辛亥条には、二つの記事が続けて書かれています。[4]「上野國」の前にあった「甲寅」が編纂時に脱落した可能性が高いと、私は、思っています。

「三百戸」（多胡碑）と「六郷《和銅当時は「里」》」（『続日本紀』）の違いも大きな課題です。奈良県明日香村石神《いしがみ》遺跡から出土した木簡によれば、「さと」の漢字表現は、「五十戸」から始まり、六八三年頃「里」に変わっています。三百戸と六郷《里》は、三百戸÷五十戸＝六里で一致しますが、多胡碑は、より古い表現方法を採ったことが分かります。

以上が文言の違いとすれば、一番大きな違いは、「**并…郡成**」（多胡碑）と、「**割…置郡**」（『続日本紀』）です。

多胡碑と『続日本紀』記事のいずれが、国・郡設置の記載として一般的でしょうか。『続日本紀』には、一二五の国・郡設置記事があります。郡一五例・国一〇例です。国のうち三

国は再併合されますが、すべての書き方が、多胡郡設置記事に類する、「割（分）某国（郡・郷）…（始・別）置《または建》某（国・郡）」です。人々を移しての郡設置である席田《むしろだ》郡・高麗《こま》郡の場合も、「始置《または建》某郡」でした[5]。

すべてが同様ということは、「割…置」という書き方が、国・郡設置を命ずる太政官符の書式だったと見られます。多胡碑のような、「并…成」という表現は、一つもありません。ここがもっとも大切な点です。

多胡碑碑文は、太政官符の単なる写しではないということです。発令・伝達した国側の視線では書かれていません。**命令を受け止めて、郡を成した人々の側からの書き方**です。

「郡成」「成多胡郡」と重ねて書いているように、「**成**」という文言を、多胡碑を書いた人々は重視していました。建郡碑という言い方が多いようですが、多胡郡を成した人々の意思、視線に従い、成郡碑と呼ぶのがふさわしいと思われます。

そこに、多胡碑だけに見られる表現「**給羊**」が加わります。『続日本紀』原史料の太政官符にはなかったと見られる文言です。

しかし、多胡碑を刻んだ人々には、きわめて重要な文言でした。「郡成」と記した後に、重ねて「給羊成多胡郡」と刻んでいることからも明らかです。「給羊」が「成多胡郡」の根拠だったと思われます。

「給羊」とは、どんなことでしょうか。

地域に流布されている羊太夫伝承とつなげて解釈し、羊を「郡司に任命された人物」とする説が通説化していますが、はたして、そうでしょうか。

上野国分寺・尼寺中間地点遺跡から出土した瓦などに書かれた文字を「羊子三」と読んで、通説の根拠とした時代もありました。

しかし、今や完全に否定されています。瓦の文字は「羊子三」ではなく、「辛子三」です。「辛子三」は、「辛科《からしな》（韓級）里（郷）」の「子」という氏族の「三」と解釈されます。「辛」を「羊」と誤読したのは、山上碑に見られるように、当時の「辛」の字体が「立」に複十字だったからです

通説の二つ目の根拠は、郡司選定に関わる令の規定を記す選叙令《せんじょりょう》郡司条の註釈の解釈です。才用（実務能力）が同じであれば郡司は国造《くにのみやつこ》から任用せよという註釈に「必被給国造之人」と註釈を重ねていることから、「給」は、多胡郡設置に際して「羊」が郡司に任じられたことを示すという解釈です。

多胡碑はじめ群馬県古代史・考古学研究の第一人者であった尾崎喜左雄《おざききさお》（一九〇四〜一九七八）の説だけに、説得力があることは確かです。

しかし、選叙令の註記は、才用つまり実務能力などが同じであれば、郡司（大・少領）は「必ず国造の人に給はるべし」と読めます。国造に与えられる郡司（あるいは大・少領）の記載が要点です。「羊」が郡司であることを強調したいなら、なおさらです。「三百戸多胡郡成　郡司給羊

（あるいは給羊郡司）」と書けたでしょう。太政官符との符合も高まります。文の並びもきれいです。正式な郡司任命前だったから郡司と書けなかったという説もありますが、正式任命後に碑を書けばよいので、論理として成り立つとは思えません。

また、羊人名説では多胡郡の由来が説明できません。

そこで私は、原点に帰って、「給」という文字の使われ方を、同時代の史料の中で比較、検討してみました。

「給」は、二重の目的語を取る授与動詞です。目的語の位置はどこでもよいという自由度の高い動詞です。「給」が目的語として、ヒトとモノのどちらを取ることが多いかから検討を始めました。

結論的に言えば、『古事記』『日本書紀』では、モノを目的語とする場合が圧倒的に多いことが分かりました。『続日本紀』の場合は、「給」は、価値あるモノを目的語とする場合に用いられていることが分かりました(6)。

「給」は、価値あるモノを目的語としていると断言してよさそうです。

その視点から見直すと、『日本書紀』の中に、羊が日本に存在し、価値あるモノと認識されていた可能性を示す記載がありました。

第一は、推古天皇七（五九四）年の条です。「百済、駱駝《らくだ》一匹、驢《うさぎうま》一匹、羊《ひつじ》二頭、白雉《しろきざす》一隻を貢ぐ」とありました。多胡郡設置の百年以上も前のことです。

「山羊」という表現も、皇極天皇二（六四三）年の条と天武天皇十四（六八五）年の条に見えます。「山羊」はヤギではなく、カモシカを指しますが、毛皮が珍重されていました。カモシカに「山羊」の字を当てていることは、野の羊がいた可能性を示唆します。

第二は、律令の施行細則集『延喜式』（九二七年完成）の記載です。内蔵寮《くらのつかさ》・諸国年料供進の条と民部下・下野國《しもつけのくに》の条に、上野国の隣国・下野国から毎年「**氈《かも》十枚（張）**」を朝廷に献上すると記載されています。そうした記載があるのは下野国だけです。

氈《かも》とは毛氈《もうせん》、フェルトのことです。羊毛などに熱や圧力を加えて作る板状の毛織の敷物を言います(7)。

下野国だけの献上ですから、まさに特産品でした。下野国安蘇《あそ》郡と都賀《つが》郡の境にある三毳山《みかもやま》（栃木県佐野《さの》市・栃木《とちぎ》市）は、氈にまつわる地名と見られます。

羊は、中国の北・西部の遊牧民の財産そのものです。氈も、彼らの間で作られていたことに注目したいと思います。彼らは「胡人」と呼ばれていたからです。

多胡郡に関しては渡来系氏族との関係が強調され、特に『続日本紀』天平神護二（七六六）年の条の「上野国に在る新羅人子午足等一百九十三人に姓《かばね》、吉井連《よしゐのむらじ》を賜ふ」が注目されていますが、新羅系渡来人のための郡であれば「新羅郡」で十分です。武蔵国高麗郡・新羅郡は、その例です。

多胡郡と命名した背景に、遥か西方の最先端技術である牧羊・氈製作が想定されます。そのための材料として羊が給されたと解釈したいと思います。

羊＝動物説を話すと、納得される方が多いのですが、羊＝人物説の第三の根拠として、羊を多胡碑碑文の主語と見る考え方があるが、いかがかという質問を受けることがあります。

思い返して下さい。多胡碑は、国の命令の単なる写しではありませんでした。国の命令を受けて、三百戸、三百の家族が郡を成した成郡碑でした。碑文の主語あるいは碑文を書いた主体を、郡を成した三百戸、三百の家族と見れば、何ら不思議なことはありません。

碑文を書いた主体を三百戸とみれば、冒頭の「弁官符（符）」の読みも変わってきます。

通説では、多胡碑を国の命令の写し、いわば石の高札、ないし言葉での伝達と見ますから、「弁官、符《ふ》す《おほ》」と読んでいますが、郡を成した三百戸を主体に読めば、当然変わってきます。

「苻（符）」の使われ方を見てみましょう。『古事記』本文と『万葉集』には「苻（符）」は登場しません。『日本書紀』では、「ふ」の音仮名が中心で、孝徳天皇の条・天武天皇の条に文書による命令として「符」が使われています。しかし、大宝令制定までは、行政命令としての符はなかったと見られます。『続日本紀』では、熟語以外の二九例すべてが行政命令としての符です。「符」「官符」という使い方が一般的で「弁官符」という用例はありません。「太政官符」という用例も、奈良時代末期に初めて現れます。

「弁」は、『古事記』『万葉集』では「べ甲類」の音仮名としてのみ使われています。『日本書紀』では動詞、『続日本紀』ではすべて弁官に関わる文言です。

「弁官苻」の「弁」を動詞として扱って、「官苻を弁」と読むのが論理的だと思います。

「弁」の読みとしては、推古天皇十二（六〇四）年の条に載せられた、いわゆる憲法十七条の用例「わきまえる（文語体なら「わきまふ）」」がよさそうです。「心得る・理解する」という意味です。「官荷《符》を弁え」とは「国の命令である（太政）官荷を理解し心得て」ということです。

そこから、私は、通説とは異なって、前半三行を次のように読んでいます。

弁官荷（官荷を弁《わきま》え）、上野國片罡郡《かみつけののくにかたおかのこおり》・緑野《みどの》郡・甘良《かんら》郡、并《あわ》せて三つの郡の内、三百戸は郡を成し、給羊（羊を給《たまわ》り）、（牧羊・氈製作ゆかりの）多胡《たご》郡と成す。和銅四年三月九日甲寅《きのえとら》。

後半三行は、最上位の公卿三人と官符発給責任者の名だけが並べられています。公卿三人が並ぶのは、多胡郡設置は国家の最高意思に基づくという、地域の人々の自覚がもたらした表現でしょう。

推測の理由は、「太政官《だいじょうかん》は二品穂積親王《にほんほづみのみこ》、左太臣は正二位石上尊《いそのかみのみこと》、右太臣正二位藤原尊」という書き方にあります。

穂積親王の穂積は、禾偏《のぎへん》ではなく、神事に関わる示偏《しめすへん》でした。また、『日本書紀』に「至貴曰レ尊」とあるように、天皇及び皇祖神にしか使えない「尊《みこと》」が、左・右太《大》臣の二名に対しても付けられています。最上位の公卿三人は、多胡碑を記した人々にとっては神だったということです。神の命令を承って多胡郡を成したという表現でしょう。

そこで一つの疑問が湧いてきます。左中弁でしかない多治比真人《たじひのまひと》（多治比一族の動向から「三宅《みやけ》麻呂《まろ》」が該当）が、なぜ最上位の公卿三人の前に刻まれているのでしょうか。

多治比真人三宅麻呂の履歴と国・郡設置の意味が、疑問を解く鍵となりそうです。

三宅麻呂が史上に姿を現すのは大宝三（七〇三）年のことです。「政績《せいせき》を巡省《じゅんせい》して冤枉《えんおう》を申理《しんり》する」ため東山道に派遣されました。

三宅麻呂は文武天皇大葬の御装司《ごそうし》（七〇七年）、和銅改元・和同開珎発行に伴う催鋳銭司《さいずぜんし》（七〇八年）と進み、左弁官を中弁、大弁と駆け上がっていきます。養老三（七一九）年には正四位下で河内国摂官となり、同五年正四位上となりました。公卿入り目前でした。ところが養老六（七二二）年、謀反《むへん》（国家の転覆・天皇の殺害）を誣告《ぶこく》（偽りの訴え）したとして斬刑を下されます。皇太子の奏によって死一等を降され、伊豆嶋に流されました。三宅麻呂が流されたことが、三宅島の由来ともされています。

実に波乱万丈の一生を送った貴族です。

三宅麻呂の履歴には三つの特色があります。

①　東山道事情を日本という国家の確立に活用。七〇三年の東山道巡察に始まり、七〇八年の秩父和銅発見・献上による改元、和同開珎《わどうかいちん》発行（催鋳銭司《さいずぜんし》）、七一一年の多胡郡設置と続きました。

②　国家の大事に関わる物の開発・管理に関与。御装司《ごそうし》・催鋳銭司《さいずぜんし》などは一例と見られます。

③　長期にわたって左弁官任官。登場から流刑までの十九年間のうち、八年以上、左中弁・左大

表９　『続日本紀』に記された国郡廃置一覧（「夷狄」地関係**ゴチック**、「諸蕃」関係**ゴチック**）

和銅元年	708	9月	越後国の求めに応じ新たに**出羽郡**を建てる。
2年	709	10月	備後国芦田郡甲努村は郡家が遠いので品遅郡三里を割き芦田郡に付け甲努村に郡を建てる。
3年	710	2月	平城に遷都。
		4月	**陸奥蝦夷**の求めに応じ君の姓を与え**編戸の民**とする。
4年	711	3月	上野国甘良郡織裳・韓級・矢田・大家、緑野郡武美、片岡郡山等六郷を割いて**多胡郡**を置く。
5年	712	9月	太政官議奏。征討が順調で安定しているので狄部に始めて**出羽国**を置く。
		10月	**陸奥国最上・置賜二郡**を割いて出羽国に隷ける。
6年	713	4月	丹波国加佐・與佐・丹波・竹野・熊野五郡を割いて始めて丹後国を置く。
			備前国英多・勝田・苫田・久米・大庭・真嶋六郡を割い始めて美作国を置く。
		12月	日向国肝坏・贈於・大隅・姶ネ羅を割いて始めて**大隅国**を置く。
			陸奥国に新たに**丹取郡**を建てる。
7年	714	2月	**隼人**（が憲法に習熟していないので）**豊前国民二百戸を移して**相勧導せしむ。
		8月	尾張・上野・信濃・越後等の**国民二百戸を出羽柵に配す**。
霊亀元年	715	5月	相模・上総・常陸・上野・武蔵・下野六国の**富民千戸を陸奥に配す**。
		7月	尾張国人外従八位上席田君迩近と新羅人七十四家を美濃国に貫き始めて**席田郡**を建てる。
			陸奥蝦夷邑志別君宇蘇弥奈らの求めに応じ香河村に郡家を建、**編戸の民**とする。
		10月	**蝦夷**須賀君古麻呂らの求めに応じ**閇村に郡家**を建て百姓と同じとする。
2年	716	3月	大島・和泉・日根三郡を割いて始めて和泉監を置く。
		5月	駿河・甲斐・相模・上総・下総・常陸・下野七国の高麗人1799人を武蔵国に遷して始めて**高麗郡**を置く。
養老元年	717	2月	信濃・上野・越前・越後四国**百姓百戸を出羽柵に配す**（前年9月巨勢朝臣萬呂奏上の実施）。
2年	718	5月	越前国羽咋・能登・鳳至・珠洲の四郡を割いて始めて能登国を置く。
			上総国平群・安房・朝夷・長狭の四郡を割いて始めて安房国を置く。
			陸奥国岩城・標葉・行方・宇太・亘理、常陸国菊多の六郡を割いて**石城国**を置く。
			白河・石背・會津・安積・信夫の五郡を割いて**石背国**を置く。
3年	719	4月	志摩国塔志郡の五郷を分けて始めて佐藝郡を置く。
		6月	東海・東山・北陸三道の民**二百戸を出羽柵に配す**。
4年	720	11月	河内国堅下・堅上二郡を更ためて大縣郡と号す。
5年	721	4月	佐渡国雑太郡を分けて始めて賀母・羽茂二郡を置く。
			備前国邑久、赤坂二郡のうちの郷を分けて始めて藤原郡を置く。
			備後国安那郡を分けて深津郡を置く。周防国熊毛郡を分けて玖珂郡を置く。
		6月	信濃国を割いて始めて諏方国を置く
		10月	陸奥国柴田郡二郷を分けて**苅田郡**を置く。
6年	722	2月	遠江国佐益郡の八郷を割いて始めて山名郡を置く。

天平宝字元年（757）までの35年間、国・郡設置はほぼなく、国の再併合が記される。

天平3年（731）諏方国を廃し信濃国に并す。天平12年（740）和泉監を河内国に并す。天平13年（741）安房国を上総国に、能登国を越中国に并す。

天平宝字元年	757	5月	能登、安房、和泉等の国を旧に依り分立。
2年	758	8月	帰化の新羅僧42人、尼2人、男19人、女21人を武蔵国の閑地に移し始めて**新羅郡**を置く。
天平神護2年	766	5月	備後国藤野郷は貧寒の地なので邑久郡香登郷、赤坂郡珂磨・佐伯二郷、上道郡物理・肩背・沙石三郷を隷け、美作国勝田郡塩田村は郡治に遠いので近い備後国藤野郡に隷ける。
延暦4年	785	4月	**陸奥国の多賀・階上二郡**…建てて真郡となす。（中納言大伴家持の奏上による）

弁の職位にありました。すべての役所の上に立つ太政官の事務局を完全に任されていたと見られます。

国家の最高意思のもと多胡郡設置を推進した国側の中心人物は三宅麻呂だと、多胡郡の人々は考えていたのでしょう。そのことが、三宅麻呂（碑文上は多治比真人）を最上位の公卿の前に記した理由と考えられます。

三宅麻呂の背後にいたのは藤原尊と書かれる藤原朝臣不比等と元明天皇でした。三宅麻呂の流刑が、不比等の死（七二〇年八月）・元明天皇の死（七二一年十二月）直後だったことからも明らかでしょう。

元明天皇・不比等・三宅麻呂らが実現しようとした国のかたちは、「諸蕃と夷狄の上に立つ小中華の国」でした。彼らは、現実の国土の上に「帰化した諸蕃」「俘囚となった夷狄」を定住させ、一方で「夷狄」地に内国の民を移す政策を推し進めました。

多胡郡も、その流れの中にありました（表9）。

多胡郡を成した人々は、そのことを重々承知していました。最上位の公卿三人を神と位置づけ、国側の中心人物・多治比真人三宅麻呂を碑の中心に記したことに明らかです。

しかし彼らは、碑の文面を官符の単なる写しでなく、地域の側からの独自かつ主体的な表現で書き直しました。

多胡郡を成した人々は、要請を主体的に受け止め、新たな「郡成」に全力で臨みました。多胡碑は、その高らかな記念碑です。

各地で、国家の意思を受け止めながら、しかし、それをいっそう主体的にとらえての地域形成が進められたものと見られます。そうでなければ、今日に至る日本社会の持続的展開はなかったでしょう。

そうした営みを代表するものとして、多胡碑は人類共通の宝たりうると考えられます。

血縁から志縁へ——金井沢碑の語る世界

金井沢碑は文字が小さく、摩滅も進んでいますが、次のように採字されます（図6）。

上野國羣馬郡下賛郷高田里
三家子□為七世父母現在父母
現在侍家刀自他田君目頬刀自又兒加
那刀自孫物部君午足次馸刀自次乙馸
刀自合六口又知識所結人三家毛人
次知万呂鍛師磯マ君身麻呂合三口
如是知識結而天地誓願仕奉
石文

図６　金井沢碑拓本

「羣」は、『康熙字典』によれば「群」の正字です。二行目第四字は読めません。「兒」は、山上碑では「児」の字体が使われていました。同族による建碑だけに興味深いことです。四行目に二回表われる「⿰馬爪」は馬偏に爪です。「ひづめ」と読めます。見事な国字ですが、他に見られません。「マ」は「部」の略字で、広く東アジアに普及しました。興味深いことに、略していない「部」と略字の「マ」が、碑の中に混在しています。

一部に漢文構文が見られますが、全体としては行替えと接続詞を効果的に使った和文です。そこに注目して読んでみましょう。

【第一行（碑文作者の戸籍ないし住所）】上野國羣馬郡《くるまのこおり》下賛郷《しもさのさと》高田里《たかだのこざと》の

「下賛」という郷は『和名類聚抄』などには見られませんが、同書に群馬《くるま》郡上郊郷が記され「加无豆左乃《かむつさの》」「加無佐土《かむさと》」と読まれています。「しもさの」でよいでしょう。

郡・郷・里という表現が採られています。

金井沢碑が記された神亀三（七二六）年は、郡・郷・里制が施行されたと見られる霊亀元（七一五）年から天平十二（七四〇）年の間に入ります。金井沢碑の真正性と郡・郷・里制の実在を同時に証明していますが、下賛郷高田里がどこかは、分かっていません。

【第二行（碑文作者と碑文作成の対象）】三家《みやけ》子□が、七世父母《しちせいのふぼ》、現在父母《げんざいのふぼ》の為に、

欠字があって碑文作成の中心人物の名が分からないのは残念ですが、「三家」は山上碑の佐野三家の同族と見られます。

注目したいのは、「為七世父母現在父母」という文言です。「七世父母」「現在父母」ともに『古事記』『日本書紀』『続日本紀』にはほとんど見られません。造像銘に集中しています。「為七世父母現在父母」という用例は金井沢碑だけのようです。

お盆の根拠となる『仏説盂蘭盆《ぶっせつうらぼん》経』に類似の表現が重ねて出ています。『日本書紀』唯一の「七世父母」の用例も、斉明天皇五（六五九）年七月十五日の条の「群臣に詔《みことのり》して京内諸寺に盂蘭盆経を勧講《と》かしめて七世父母を報いしむ」です。

「為七世父母現在父母」の典拠は『仏説盂蘭盆経』でしょう。三家氏周辺では『仏説盂蘭盆経』に基づく仏事が行われていたと見られます。そこで私は、「為七世父母現在父母」を、仏教経典を読むように、「七世父母現在父母《しちせいふぼげんざいふぼ》の為に」と漢文読み下しで読んでいます。金井沢碑で、ここだけが漢文体なのは、それなりの理由があると考えられます。

【第三〜六行（碑文作成に賛同・参加した者とその関係）】現在侍《はべ》る家《いへ(やか)》刀自《とじ》、他田君目頬刀自《おさだのきみめづらとじ》、又《また》、兒《こ》の加那《かな》刀自、孫の物部君午足《もののべのきみうまたり》、次《つぎ》の（孫の物部君）馸《ひづめ》刀自、次の（孫の物部君）乙《おと》馸刀自との合わせて六口《むたり》、又、知識を結べる人、三家毛人《みやけのえみし》、次の（三家）知万呂《ちまろ》、鍛師礒マ君身麻呂《かぬちいそべ(部)のきみみまろ》の合わせて三口《みたり》と、

登場する氏族《うじぞく》、人々が、三家氏を中心に、地縁・血縁に止まらず、仏教を礎として、一族、地域社会を形成していたことは間違いありません。関係は、図示した方が分かりやすいでしょう（図7）。

【第七行（碑文作成の目的）】如是《かく》、知識《ちしき》を結《むす》び而《て》、天地《あめつち》に誓願《せいがん（こいちかい）》仕《つか》え奉《まつ》る

「如是」は漢文に一般的な文言ですが、宣命《せんみょう》や『万葉集』ではすべて「かく（＝このように）」の表現として使われています。

このように、金井沢碑は、仏典などを典拠とする一方で、広く通用していた表現を採用しています。漢字を用いた日本語表現は、都の周辺や一部有識者の間だけでなく、全国各地各層の幅広い共有、共同作業だったことを、金井沢碑は証しています。一つの要点です。

さらに重要な要点は「**知識結**」という文言です。

「**知識**」は、現在では「ある物事を知っている、または、その内容」を指しますが、ここでの知識は違っています。**仏教を信じて力合わせる仲間・友人のこと**を指します。尊敬する先達・水谷千尋（元・学研教養図書出版室長、現・東京都豊島区図書館専門研究員）の教示によれば、知識はインド仏典のmitraの漢訳語です。(8)

なぜか、他に例がありませんが、(9)「知識結（知識を結ぶ）」は、仏教のもとに人々が力を合わせることを表す、実に明解な表現です。金井沢碑の知識は一族が中心となって結ばれたものですが、血縁だからではなく、仏教という思想を共有する**志縁による団結**になっています。

もう一つの要点は、「知識**結而**」（第七行）と「知識**所結**」（第五行）の表現の違いです。

調べた範囲では、古代史料のどこにも、金石文の中にも「所結」の用例はありませんでした。そこで「所結」に連なる「所＋動詞」に絞り込んで見てみました。『万葉集』と『続日本紀』掲載の宣命に注目したい用例が頻出していましたが、宣命の用例はすべて天皇の行為を示す用例です。『万葉集』の用例が参考となります。

一つの歌の中に、ある動詞と「所＋ある動詞」とが一緒に使われていて、その違いが鮮明になる歌があれば、「所＋動詞」の特性が鮮明になります。

巻一に、ぴったりの歌がありました。「軽皇子《かるのみこ》、安騎野《あきの》に宿す時　柿本朝臣人麻呂《かきのもとのあそみひとまろ》作歌《つくるうた》」で

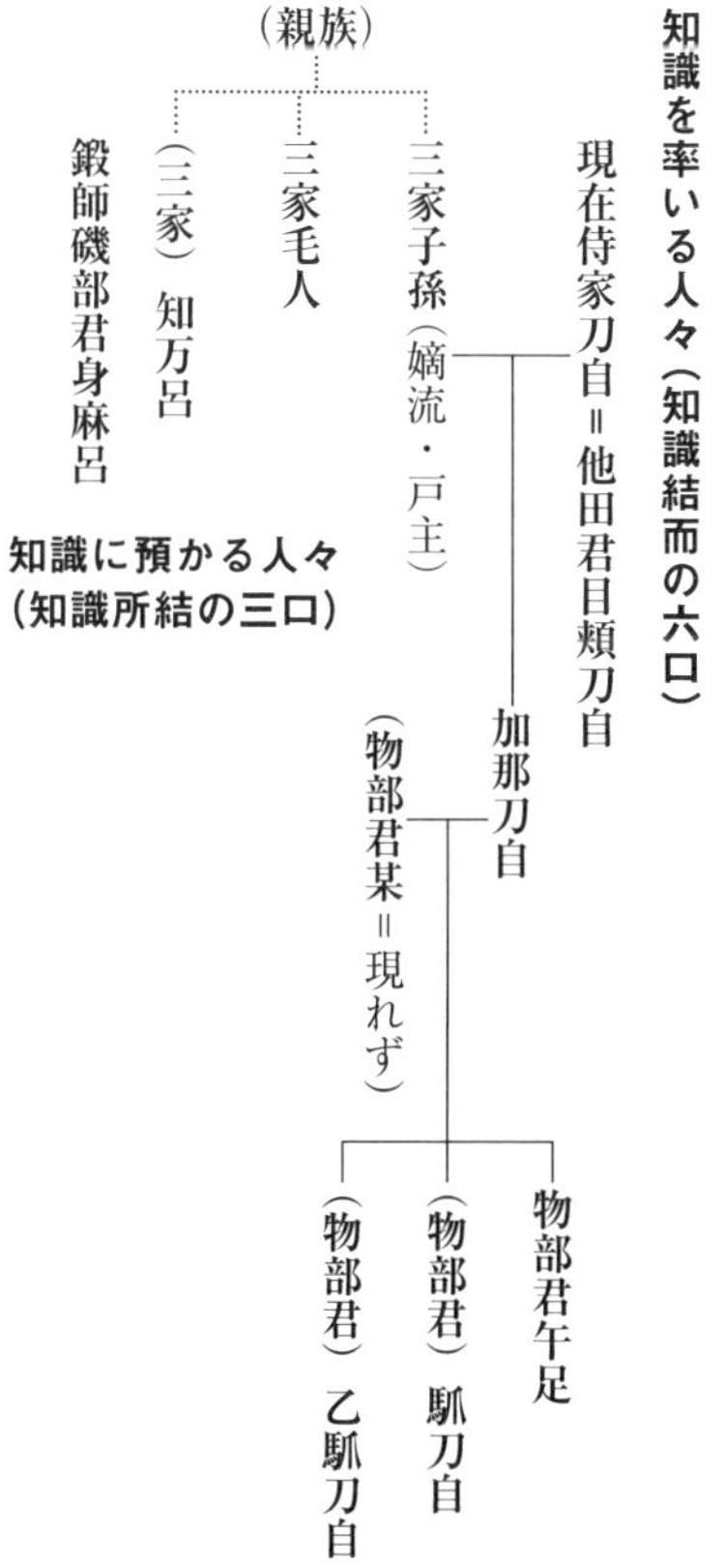

図７　「知識結」関係図

す（国歌大観番号四八番）。

東《ひむがしの》　野炎《のにかぎろひの》　立**所見**而《たつみえて》　反**見**為者《かへりみすれば》　月西渡《つきかたぶきぬ》
（東の野にかげろひの　立つ見えて　かえり見すれば　月傾きぬ）

字面を見ているだけで光景が浮き上がって来る、本当に素晴らしい歌です。「所見」は「みえ（みゆ）」の表現で、自ずと見えていることを表現しています。「見」は「み（みる）」の表現で、主体的意識的に見ていることを表現していました。

ただ、この読みはあくまでも賀茂真淵（一六九七〜一七六九）の読みで、それ以前の読みは違うという説もありますので、他にも当たってみました。同じ巻一の国歌大観番号六四番の歌「景雲三年丙午《七〇六年ひのえうま》　難波宮《なにはのみや》に幸《みゆき》す時　志貴皇子御作歌《しきのみこのみうた》」が例として挙げられます。

芦邊行《あしべいく》　鴨之羽我比尓《かものはがひに》　霜零而《しもふりて》　寒暮夕《さむきゆうべは》　倭之**所念**《やまとしおもほゆ》
（葦辺行く鴨の羽がひ（翼）に霜降りて　寒き夕べは大和し思ほゆ）

温度や湿度、日暮れの色調が直接伝わる文字の選択ですが、「念」ではなく「所念」とあります。「おもふ」ではなく「おもほゆ」と読まれています。四八番の「所見」と同じく、自ずと湧いてくる「念ひ」という感じが伝わってきます。
「見る」「聞く」「思（念）ふ」と、「所見（みゆ）」「所聞（きこゆ）」「所思《念》（おもほゆ）」の関係も、同様でした。「所＋動詞」は、受動・自発・可能を示す上代特有の助動詞「ゆ」の表現として生み出されたと考えられます。

「所結」は、「結ぶ」に対する受動的・従属的な表現でしょう。厳密に考え『万葉集』に習えば、「結ぼゆ」です。しかし、現代に読み継ぐことを考えれば、同じ受動・自発・可能の助動詞「る」で考えて、その口語体「結べる」で良いと思います。

そう考えると、「知識所結」が、従属的に知識を結んだ三家毛人らに対して使われたのはもっともなことです[10]。山上碑で、ほぼ完成した日本語表現が、金井沢碑では、主と従とを書き分けるまでに熟したことになります。

【第八行（碑文としたことの確認）】石文《いしぶみ》

【第九行（碑文作成の年月日）】神亀三年丙寅二月廿九日

神亀三年は七二六年です。太陰太陽暦の神亀三年二月は小の月ですから廿九日は月末です。二月が二十八日ないし二十九日になったのは明治の太陽暦導入からです。神亀三年は閏年ではありません。

金井沢碑には、戸籍や婚姻、家の財産や祭祀権の継承関係などの重要な問題が含まれています。
しかし、「知識結」と表現される日本仏教の思想・信仰・活動のありように最も重要な要素があると思います。
三家一族が、**血縁ではなく、思想で団結を組み直している**からです。人々を結びつける力が、血縁あるいは地縁から、志縁あるいは知縁に変わってきていると言えましょう。これは非常に大きな変化と言わざるをえません。
「知識結」という文言は金井沢碑にしか見られませんが、「知識」という文言は、聖武天皇による大仏建立の詔にたびたび登場します。少し長くなりますが、『続日本紀』天平十五（七四三）年十月十五日の条を引用しておきましょう。

……粤《ここ》に天平十五年歳次《ほしはやどる》癸《みずのと》未《み》十月十五日を以《もち》て菩《ぼ》薩《さちの》大願《たいがん》を発《おこ》して盧舎那仏《るしゃなぶつ》の金銅像一躯《く》を造り奉る。国の銅《あかがね》を尽して象《かたち》を鎔《い》、大山を削りて堂を構へ、広く法界に及して朕《わ》が知識と為す。遂に同じく利益《りやく》を蒙《かがふ》りて共に菩提を致さしむ。夫《そ》れ、天下《あめのした》の富を有《たも》つ者は朕《われ》なり。天下の勢を有つ者は朕なり。この富と勢とを以てこの尊《たふと》き像を造らむ。……是の故に知識に預かる者《ひと》は懇《ねむころ》に至れる誠を発し、各《おのおの》介《おほき》なる福《さきはひ》を招きて、日毎に三たび盧舎那仏を拝《おろが》むべし。自ら念《おもひ》を存《そん》して各盧舎那仏を造るべし。……

「天下《あめのした》の富を有《たも》つ者は朕《われ》なり。天下の勢を有つ者は朕なり」とは、いかにも権力者らしい言い方ですが、（毘《び》）盧舎那仏《るしゃなぶつ》建立への参加を「朕《わ》が知識と為す」「知識に預かる者《ひと》」と表現している点は、金井沢碑の「知識結」につながります。呼びかけに応えて献上された物や、各国国分寺に寄せられた物は「知識物」と称されました（『続日本紀』天平十九（七四七）年九月の条等）。

そうした営みは、権力層の行為に止まるものではありませんでした。金井沢碑建立の翌年、七一七年、和泉国（大阪府堺市《さかい》）で、行基《ぎょうき》の「知識尓入《にいる》」者たちは、土塔を建立し、その数は二千人にも及びました。『日本霊異記』の説話にも、「率引知識」による仏事の共同遂行が描かれています。

行基は、寺を造るだけでなく、弟子を率いて架橋などの土木事業を率先し、その営みに広範な地域から多くの民が馳せ参じました。そうした活動のありかたから、行基は、地にある仏、菩薩と称されました。化主《けしゅ》とも言われます。その働きを**大乗菩薩行**《だいじょうぼさつぎょう》と言います。

わが国に伝流した仏教は、思想に止まらない民衆レベルの活動、暮らしを支える営みとなりました。金井沢碑の「知識」が営んだ事業が何であったかは分かりませんが、まもなく、金井沢碑の周辺から、行基の営みにつらなる仏者が陸続と生まれてきます。

渡日前の鑑真《がんじん》（六八六～七六三）も化主と呼ばれていましたが、その一番弟子に、東国化主と呼ばれた道忠《どうちゅう》という人物がいます（生没年不詳）。鑑真遷化《せんげ》の後、東国の人々のために、故郷へと帰り生涯を尽くされた人物です。

最澄《さいちょう》（七六七～八二二）の伝記『叡山大師伝』などによれば、拠点となったのは緑野寺《みどのでら》とも呼ばれる浄法寺《じょうぼうじ》（群馬県藤岡《ふじおか》市浄法寺）でした。そこには一切経五千巻があったことが知られています（『続日本後紀《しょくにほんこうき》』承和元（八三四）年五月乙丑の条）。鑑真のもと、やがて来る東国での布教のために、歳月をかけて道忠が写したものでしょう。

最澄の伝記『叡山大師伝』は、次のように記しています。

東国化主道忠禅師といふ者あり。是は此れ大唐鑑真和上持戒第一の弟子なり。伝法利生、常に自ら事と為す。遠志《おんし》に知識し大小経律論二千余巻を助写す。纔《わずか》に部帙《ぶちつ》を満てるに及びて、万僧《まんぞう》斎《さい》を設け同日に供養す。今、叡山の蔵に安置せしは、斯《そ》れ、其《そ》の経なり。

最澄が、延暦十六（七九七）年、比叡山上に一切経《いっさいきょう》五千巻を備えようとしたとき、一年も経たない間に二千巻を写し助けた人物です。

最澄の大志に共鳴し協力したことを「知識」と書いたのでしょうが、道忠ひとりでできるはずがありません。道忠から最澄に預けられて第二代天台座主《ざす》となる円澄《えんちょう》（七七二〜八三七）をはじめとする、多くの人々が知識しなければできません。写経は、やってみれば分かりますが、写す経の内容を理解し、文字も正確に書けなければできません。道忠は、そうした人々を東国の地で育て上げていたのです。

「伝法利生、常に自ら事と為す」。

まさに菩薩行の実践です。日本最初の仏教通史『元亨釈書《げんこうしゃくしょ》』（虎関師錬《こかんしれん》著、一三二二年）の円澄伝には、「道忠菩薩」と記されています。

道忠は、すでに遷化していたと見られますが、弘仁八（八一七）年の最澄東国巡錫、宝塔建立時のことを、『叡山大師伝』は次のように書いています。

爰《ここ》に上野国浄土院（緑野寺）一乗仏子（大乗僧）教興・道応・真静、下野国大慈院一乗仏子広智・基徳・鸞鏡・徳念ら、本《もと》、是れ道忠禅師の弟子なり。延暦年中、遠く伏膺《ふくよう》を為す（大小経律論二千余巻助写のこと）。師資（相承）を闕《か》かず。斯れ、其の功徳勾当《くどくこうとう》の者なり。

同書は続いて、さらに興味深い話を載せています。

是時、信濃国大山寺《だいせんじ》の正智禅師あり。上野国千部知識の列に預かり二百部法華経を助写す。送らんとする時に臨み、一の槽《かいばおけ》の七（頭）の馬、首を挙げて食はず。動転《うご》かず。寂黙として眠るが如し。……諏訪大神託宣して云はく。我、千部知識に預からんと欲す。而して、此の怪《け》を示す。亦《また》、此の経を助け送る。即ち便に誓ふを以て知識に預かるのみ。七（頭）の馬倶《みな》食ひ、羸疲《るいひ》あるものなし。経の装束竟《おは》り、上野国千部法華院に奉り送る。荷擔《荷駄》道に列《なら》ぶ。忽に旋風吹きて徐徐に進前《前進》す。衆人驚《おどろ》異く。神の神を為す（神の不思議な力を示す）也。

諏訪大神までが、千部法華経の助写に知識したいと願って神異を見せたという展開は、実に痛快です。長大な『叡山大師伝』の中で「知識」の文言が現れるのは、道忠教団に関係する部分だけです。しかも重ねて「知識」の文言があります。仏者・道忠のあり方を象徴する言葉です。道忠教団からは、この後、第三代天台座主となる円仁《えんにん》（七九四〜八六四）、第四代天台座主となる安恵《あんえ》（七九四〜八六八）などが表れます。彼らは、道忠の弟子で「菩薩」と呼ばれた広智《こうち》（生没年不詳）の弟子でした。

日本らしい仏教は、日本天台宗の成立で成り立ったと言われますが、その内実は、道忠の弟子・孫弟子たちでした。

金井沢碑に始まる知識結は、日本仏教の礎、日本人の心性と行動の礎となったと言ってよいでしょう。金井沢碑には、「やまとごころ」を形作る日本らしい仏教の種がしっかりと刻み込まれていたのです。

「やまとごころ」は、地縁・血縁によってではなく、志縁・知縁によって育まれたと言っては言い過ぎでしょうか。

最後に、二〇一七年の同じ年に「世界の記憶」となった朝鮮通信使の記録と上野三碑との間に、二五〇年前に最初の邂逅があったことを付け加えたいと思います。

宝暦十四（一七六四）年、徳川家治《いえはる》の将軍職就任祝賀に際しての朝鮮通信使来日時のことです。

多胡碑に近い下仁田《しもにた》（群馬県甘楽《かんら》郡下仁田町《しもにたまち》）の漢学者・高橋道斎《どうさい》（一七一八〜九四）とともに多胡碑の研究を進めていた書家・沢田東江《東郊》（一七三二〜九六）は、家治の印章を彫る大役を与えられていました。

大役を終え、朝鮮通信使書記官たちとの懇親を深める中で、彼は多胡碑の拓本を持ち出し、筆談を始めます。東江自身の記録『傾蓋集《けいがいしゅう》』には、次のようにあります。

宝暦十四年甲申《きのえさる》二月 韓使来聘、鱗《東江》、時に命を奉り御書宝《家治の印》を篆《ほ》る。事畢矣《をはる》。三月二日（中略）

秋月（朝鮮通信使製述官・南玉）云ふ。恵《たまは》る所の古碑、奇崛《奇抜にして優の意》賞すべし。珍荷万々《かずしれず》。

東郊《東江》云ふ。上野国九峰山人《高橋道斎のこと》、名は克明、頗《すこぶ》る好古の士、此の碑本、即ち翻刻《採拓》する所は其の家《道斎のこと》なり。

秋月云ふ。多胡碑、これを得るに甚だ奇なり。（中略）

龍淵（朝鮮通信使書記・成大中）云ふ、多胡碑の字法、甚だ奇崛、貴邦金石の宝と謂ふべし。

朝鮮通信使側の評価が事実であったことは、製述官・南玉（秋月）が正式な使行日記『日観記』三月二日の条に「江戸に留まる。平鱗（＝東江）、多胡郡碑を送り致《とど》ける。すなわち日東《日本》千午の占筆なり」と記していることからもうかがい知ることができます。

半世紀の後、朝鮮から清国の都・燕京（北京）に派遣される国使・燕行使によって、多胡碑拓本は清国に渡り、清国の金石学者の間で注目されるようになります。日本を文化の低い国と思っていた朝鮮王朝・大清帝国にとって、千年も前に称賛に値する書が碑に刻まれ、それが存在し続けていたことは、まさに想定外のことでした。日本を文化の国として見直すようになり、新たな文化交流が生まれていきました。

いま再び、「世界の記憶」同時登録を縁として、新たな民際《みんさい》・共生《ともうみ》を生み続けていきたいものです。

† † † † †

補論3 東アジア世界に見る上野三碑の字体

山上碑の字体

辛 「辛」の字体は「立」に十字ではなく複十字です。五世紀から七世紀にかけて、東アジア世界に普遍的な字体でした。北魏でも、唐でも、新羅でも使われています。北魏の尹静妙造像記（太平真君十一年＝四二〇年）・胡明相墓誌（孝昌三年＝五二七年）、新羅の南山新城碑（五九一年・大韓民国慶州市）・唐の景龍観鐘銘（景雲二年＝七一一年）などが例となります。日本では、埼玉《さきたま》稲荷山古墳出土鉄剣の銘文（四七一年）、法隆寺釈迦三尊像の光背銘（六二三年・奈良県斑鳩町）、法隆寺献納宝物金堂観音菩薩像台座名（六五一年・東京国立博物館蔵）、美努岡萬《みののおかまろ》墓誌（天平二年＝七三〇年・奈良県生駒市）に見られる字体です。

辛巳　「辛已」は干支《えと・かんし》なら「辛巳」のはず。誤字でしょうか。北魏・延昌二（五一三）年の北魏将軍元颺《げんよう》の妻、王夫人墓誌に「十二月辛已朔四日甲申」とあります。文字の剥落防止の工夫のようです。

歳　「歳」も上部が「止」ではなく「山」です。高句麗好太王碑（四一四年）、百済武寧王陵墓誌石（五二五年）、新羅真興王巡狩碑（六世紀半ば）がこの字体です。日本でも、那須国造《なすのくにのみやつこ》碑《ひ》（七〇〇年）、多賀城碑《たがじょうひ》（七六二年）に使われています。

佐　「佐」の字も「イ」に「大」か「太」と見えますが、同じ字体が、難波宮（大阪市中央区）出土の万葉仮名表記の歌木簡「皮留久佐乃皮斯米之刀斯《はるくさのはじめのとし》」にも見えます。

多胡碑の字体

罡　「罡」の字体は、高句麗好太王碑、乙卯《いつぼう》年銘壺杅《こう》（四一五年・韓国国立中央博物館）、法隆寺金堂観音菩薩像造像記銅板（六九四年）と継承されて、多胡碑に至っています。乙卯年銘壺杅は、高句麗王から新羅王に下賜されたものです。法隆寺銅板は百済系渡来氏族の手になるものでした。「罡」の字体は、高句麗↓新羅・百済↓倭と伝えられたことが推測されます。

補論4　元号と上野三碑

令和改元で元号（年号）が話題になっていますが、元号は、もともと中国王朝で生まれたものです。最初の元号は、前漢・武帝の、その名も「建元」でした。西暦前一四〇年のことです。

もともと元号は、天から全世界の統治を委託された唯一無二の存在である中華皇帝が、空間だけでなく時間の支配＝統治も託されたという考えから生まれたものです。したがって、中華冊封体制のもとにある諸国も中華王朝の定める元号を使わざるをえませんでした。これを「正朔を奉ずる」と言います。現に中華王朝に接していた新羅・高麗・朝鮮などの韓半島の諸王朝は中華王朝の元号を使用し続けました。

それに対して、日本は、日本という国号が大唐帝国（厳密に言えば周）に認められた時、なぜか独自の元号を認められました。そのことは本文でたびたび述べて来たとおりです。

国際的に認められた最初の元号が大宝です。大宝元年は西暦七〇一年に当たります。

それ以前に、大化、白雉、朱鳥の年号が使われたと『日本書紀』は記していますが、確実な金石文、木簡、その他の資料では確認できません（「宇治橋断碑」に「大化二年」とあると言われますが、現存部分にはありません。「宇治橋断碑」自体の成立に議論があり、証拠とはなりません）。それ以前は干支で年を示しています。

そのことを端的に示してくれる存在こそ上野三碑です。大宝前の山上碑は「辛巳歳（六八一年）」と記し、大宝後の多胡碑は「和銅四年（七一一年）」、金井沢碑は「神亀三年（七二六年）」と記しています。

三碑は日本における元号（年号）の歴史を語る最も古い生き証人です。

注

はじめに

（1）『日本書紀』の解説書として鎌倉時代の半ば、十三世紀後半に書かれた『釈日本紀』によれば、『日本書紀』に記された神武以下持統までの各天皇の漢風諡号は『日本書紀』編纂の半世紀ほど後に献上されたとあります。現に『日本書紀』の地の文で天皇名が漢風諡号で記されることはありません。そこで本書では、天皇名に関しては初出に国風諡号（漢風諡号）の書き方を用い、以後は、世間一般に通用している漢風諡号を用いることとしました。

（2）三四三・三四五号は三四二号の細則です。

（3）三善清行は、斉明天皇七年を庚申としますが、『日本書紀』編年では辛酉です。実は「庚申」も、変革の年とする考えがあり、二年続けての改元も行われています。最も近い例では、一八六〇年・六一年にかかる安政・万延・文久改元があります。

（4）内田正男編著『日本書紀暦日原典』（一九七八年、雄山閣）暦日編・神武天皇元年辛酉正月元嘉暦朔干支。

（5）内田正男前掲書によれば、五世紀半ば以降に換算される『日本書紀』の紀年で元嘉暦と合わないものはありません。逆に、三九九年に換算される『日本書紀』仁徳天皇八十七年の条までは元嘉暦との「不合」がいくつも指摘されています。

第一章　日本という国家の成立

（1）『西嶋定生　東アジア史論集　第三巻　東アジア世界と冊封体制』（二〇〇二年・岩波書店）に冊封体制論の全容がまとめられています。

（2）公益財団法人高麗美術館編『共生と民際の歴史学　上田史学を継承する』（二〇一九年・雄山閣）に民際提唱の経緯と継承の課題がまとめられています。

（3）『三国志』に先行する『漢書』地理志は「倭人」、『後漢書』東夷伝は「倭」、続く『宋書』蛮夷伝・『南斉書』

東南夷伝・『隋書』東夷伝は「倭国」、『梁書』諸夷伝は「倭」です。

（4）大化二（六四六）年の作とされる宇治橋断碑（京都府宇治市、重要文化財）の「大化二年」の銘は、十四世紀後半成立の『帝王編年記』からの推定復元で、断碑部分には元号表現はありません。これをもって大化という元号使用の実例とすることはできません。

（5）『唐丞相曲江張先生文集』巻十三、張九齢（六七八〜七四〇）撰文「勅日本国王書」。

（6）『万葉集』の歌には国歌大観番号という番号が付いています。以後の番号は国歌大観番号です。

（7）『古事記』写本では振り仮名が振られている「天皇」用例がほとんどありません。「天皇」がいかなる言葉の漢字表現であったかは断定しにくい状態です。

（8）「天皇」に関する福永光司の見解は『道教と日本文化』（一九八二年）、『道教と日本思想』（一九八五年）、『道教と古代日本』（一九八七年）の一連の著作（人文書院）及び『道教と古代の天皇制』（共著、一九七八年、徳間書店）にあります。

（9）稲置という姓からの改姓はなく、また稲置という姓自体が確認できません。

（10）「天皇」号導入を決意させた一つの契機として、唐の則天武后《そくてんぶこう》が永徽《えいき》六（六五五）年以降、おそらくは咸亨《かんこう》元（六七〇）年、自らと高宗は同格「二聖」であるとして、皇帝を天皇、皇后を天后と呼ばせた情報があったと考えられます。

（11）『古事記』『日本書紀』では、「しろしめす」の表現に「所治」を用いていますが、『続日本紀』では、同じ内容を「所知」で表しています。同じように、『日本書紀』や律令で「明神」と書くところを、『続日本紀』は「現神」と書いています。明確な理由は分かりません。

（12）「（大）赦天下」は七九例、「天下諸国」は六三例、「天下百姓」は三九例あります。

第二章　天・東・夷――入れ子構造の「日本」

（1）第一段・天地開闢の第四の一書、第四段・国生みの第三の一書、第五段・三神（天照大神・月読尊・素戔嗚尊）誕生の第六の一書、第六段・素戔嗚尊の四例です。

(2) 「皇祖母尊」の称は、乙巳の変による彼女の退位＝弟の即位に際し、弟＝孝徳天皇から奉呈された称号ですが(『日本書紀』孝徳天皇即位前紀六月十四日の条)、後の太上天皇以上の重みの感じられる文言です。

(3) 『隋書』東夷伝の現写本は「俀伝」とありますが、俀は、倭の写本過程での誤記とすることに異論はありません。

(4) 『唐丞相曲江張先生文集』巻十二、張九齢(六七八～七四〇)撰文「勅日本国王書」。

(5) 書名の通り『後漢書』は後漢代(二五～二二〇年)を描く史書です。南朝・宋の范曄(三九八～四四五)の手になるもので、先立って編纂された『三国志』を踏まえて、続く魏代(二二〇～二六五)の倭についても触れています。

(6) 福永光司「聖徳太子の冠位十二階 徳と仁・礼・信・義・智の序列について」『道教と日本文化』一九八二年、人文書院。

(7) 『隋書』に見られる「軍尼」という表現も、単に「くに」の音訳ではなく、軍編制という施策を隋王朝が理解しての表現である可能性が大です。

(8) 筑紫国＝七(六七八)年十二月の条、吉備国＝十一(六八二)年七月の条、東国＝十四(六八五)年十月の条と出ています。

令制国につながる「国」用例の最古の金石文は、六九二年と見られる「壬辰年五月出雲国」と刻まれた「出雲鰐淵寺観音菩薩像台座名」(島根県出雲市)です。

(9) あらためてですが、上野は今日の群馬県、下野は栃木県、武蔵は埼玉県と東京都、相模は神奈川県、常陸は茨城県、甲斐は山梨県と、上総・下総・安房の三国が千葉県とほぼ重なります。

(10) 東国は、もう少し広く、北陸地方を除く東日本全体と重なる地域を指す場合もあります。

(11) 『日本書紀』には筑前・筑後の文言はなく、一貫して筑紫です。しかし、七世紀末と見られる国分《こくぶ》松前遺跡(福岡県太宰府市国分三丁目)出土の木簡には「竺志前國嶋評」とあります。七世紀末までには筑紫は分国されていたと推測されます。

(12) 筑紫率が三例、筑紫大宰府が二例、筑紫都督府が一例、筑紫大宰が一八例です。

（13）上毛野・下毛野・大野・佐味《さみ》・車持《くるまもち》・池田の六氏を言います。いずれも天武天皇十三（六八四）年十一月、姓《かばね》を君《きみ》から朝臣《あそみ》に改められた貴族集団です。

（14）芸能の一つの起源に服属儀礼があるとする恩師・上田正昭の説に従えば、東国の服属儀礼と見ることもできますが、次に隼人の楽とあることを考えると、東国のさらに東・北に展開していた蝦夷の楽だった可能性もあります。

（15）二〇〇八年拙著『改訂増補版　古代東国の王者　上毛野氏の研究』（雄山閣）を上梓した際、恩師・上田正昭は「グローカルな古代上毛野研究」と題した序文を書いて下さいました。そこでの指摘です。

（16）この三層の入れ子構造は、西においては、天―サツマ〈薩摩〉―隼人・南嶋と理念化されていた可能性があります。

（17）日本古典文学大系『風土記』（岩波書店）。

第三章　東国で国家を準備した者たちの出自と伝承

（1）幼武・若建・稚武は、いずれも「わかたけ」と読まれてきていますが、日本武尊《やまとたけるのみこと》（『日本書紀』）・倭建《やまとたけるの》命《みこと》（『古事記』）の用例を考えれば「わかたける」でよいと考えられます。獲加多支鹵《わかたける》にいっそう近づきます。

（2）『宋書』によれば、武の兄王・興は「世子」として大明三（四六三）年、宋に遣使して爵位を授けられましたが、武の上表文に「奄《にわか》に（突然、相次いで）父兄を喪ひ」とあり父王・済に相次ぐ形で亡くなったことが示唆されています。

（3）『日本書紀』崇神天皇十年〜十二年の条。『古事記』では「高志国」。

（4）福永光司責任編集・解説『日本の名著　最澄・空海』中央公論社・一九七七年。

（5）『日本書紀』の冒頭「古《いにしへ》に天地未だ剖《わか》れず、陰陽分れざりしとき」は明らかに『淮南子』巻二・俶真訓「天地未だ剖れず、陰陽未だ判《わか》れず」に基づいています。『淮南子』が古くから倭国でよく知られていた傍証になります。

（6）『日本書紀』唯一の「毛人」用例は敏達天皇十（五八〇）年二月の条で「蝦夷数千、辺境を寇《あたな》ふ。是に由りて、その魁帥《ひとごのかみ》綾糟《あやかす》らを召して」の文注「魁帥は大毛人《おほえみし》なり」です。

（7）『続日本紀』で一番有名な「毛人」例は佐伯今毛人《さえきのいまえみし》（七一九〜七九〇。東大寺建設の中心となり大宰帥などを歴任した公卿）です。『上宮聖徳法王帝説』は、蘇我大臣蝦夷を蘇我豊浦毛人大臣と書いています。

（8）「凡《おほよ》そ辺遠国は夷人雑類のある所」という賦役令《ぶえきりょう》の注に、「夷は夷狄なり。雑類もまた夷の種類なり。…古記に云ふ。夷人雑類は毛人・肥人《くまびと》・阿麻禰《あまみ》の人らの類。隼人・毛人、本土（本来の居住地）では夷人と謂ひ、これら、華夏（天下を日本版中華思想で華夏と称しています）に雑居せば雑類と謂ふ」とあります。

（9）伊峙水門《いしのみなと》については上総国夷灊郡《いしみ・いすみ》（千葉県勝浦市・いすみ市）とする説もありますが、蝦夷との関係では、陸奥国牡鹿郡《おしか》石巻《いしのまき》（宮城県石巻市）とする説に説得力があります。

（10）稚子は六月「取二新羅沙鼻岐奴江二城一」と書かれますが、その後の消息は不明です。また「沙鼻岐奴江」をどう分けて読み地域比定するかも結論は出ていません。

（11）『日本書紀』仁徳天皇五十三年の条。

（12）『新撰姓氏録』摂津国皇別に載せられた韓矢田部造《からやたべのみやつこ》の渡来伝承も田辺史・止美連と相似た性格を持ち、渡来時期も重なります。

（13）『古事記』も、応神天皇段に、王仁と同一人物と考えられる和邇吉師《わにきし》招聘伝承を載せています。ただし、こちらには上毛野君の祖の話はありません。

（14）文忌寸最弟の訴えは八日で、池原公綱主らが東国六腹朝臣と同格の朝臣姓を獲得した五日の直後です。桓武天皇の出自と彼の政策が背景にあると見られます。

（15）『日本書紀』崇峻天皇即位前紀。

（16）どちらの話においても、謀反の次第が明らかになる仔細が皇后の涙だったことなども、傍証となります。

第四章　東国貴族の登場――東国六腹朝臣

（1）「東海《うみつみち》」と「東《ひむがし》の方十二道」とが同じ地域を示しているかは、ここの記述だけでは分かりませんが、「東」を「あづま」と読まず「ひむがし」と読んできたことは注目されます。『古事記』では「東の方十二道」という表現は好んで使われ「東国」とは微妙に異なる地域を指しています。

（2）『古事記』は、絶唱の地を足柄之坂本とし東海道で話を完結させていますが、そのことによって、逆に、東国の中心地域とは言いがたい甲斐・酒折宮で御火焼《みひたき》の老人《おきな》に「東国造《あづまのくにのみやつこ》」を給うという展開を示すことになります。上野・武蔵・下野という東国中心部を外した経路選択の結果でしょう。

（3）伊香保四首・伊可保四首・伊可抱一首です。

（4）剣崎長瀞西《けんざきながとろにし》遺跡（高崎市剣崎町）・下芝谷ツ《しもしばやつ》古墳（高崎市箕郷町《みさとまち》下芝）など。

（5）「群馬」は現在「ぐんま」と読まれていますが、藤原宮木簡に「車評」とあり、『和名類聚抄』に「久留末」とあるように、「くるま」が本来の読み方です。奈良時代初頭の好字による地名表記の際「群馬」が選ばれました。正字での表記は「羣馬」です。金井沢碑（七二六年、高崎市山名町）も群馬県の紋章も「羣馬」です。

（6）なぜか、皇極天皇の弟で、皇極天皇から一時譲位された孝徳天皇（在位六四五～六五四）の陵とされている墓は円墳です（山田上ノ山《うえのやま》古墳〈大阪府南河内郡太子町《たいしちょう》〉）。王族・貴族たちの孝徳天皇の評価につながる墳形と見られます。

（7）那須国造碑（七〇〇年、栃木県大田原市）に、六八九年那須国造追大壹那須直韋提に那須評督が与えられたと書かれていることから、栃木県域には下毛野国とは異なる那須国があったと考える向きもありますが、「評」は「郡」のことですから、那須は常陸地域の筑波、新治と同じような地域性を指します。そこから下毛野国という表現で栃木県とほぼ同一の地域を示しました。

（8）蓋笠・繖扇・帷帳とは大笠・翳《さしば・きぬがさ》・団扇《うちわ》・帳《とばり》のことです。笠取氏にあたります。湯沐は御生《みあ》れの神事や皇子女の養育に関わります。子部氏に対応します。天孫降臨神話に川雁をもって持帚者《ははきもち》とする（『日本書紀』）、鷺をもって掃持《ははきもち》とする（『古事記』）という記載があります。殿庭の洒掃は、同じ鳥の名を帯びる鴨氏にあてられるでしょう。燈燭・松柴・炭燎は神事や儀式に用いる燈明・松明《たいまつ》・篝火《かがりび》のことです。火（hï ひ乙類）と日（hi ひ中類）とでは音価に違いがあると言われていますが、五姓の中で求めれば日置氏の職掌ということになるでしょう。

（9）東大寺領に関する天平神護二（七六六）年の「越前国司解」にも車持石床なる者が見えます。若狭国に当る福井県大飯郡には上・下車持村（現・高浜市）がありました。

（10）那波郡と言うと、朝倉郷の存在から、『日本書紀』孝徳天皇二（六四六）年条の「東国国司」の報告のなかに出てくる朝倉君のことが持ち出されることがあります。しかし朝倉君はついに朝臣姓を獲得できなかった氏族です。東国六腹朝臣にも数えられず『新撰姓氏録』にも見えない氏族です。その勢力を過大視することは危険です。

（11）数を合わせるのであれば一二国に陸奥・出羽・安房を加えれば一五となります。

第五章　東国貴族と日本という国家の成立

（1）大神朝臣は大神神社（奈良県桜井市）、賀茂朝臣は鴨津波《つば》神社（奈良県御所《ごせ》市）、宗像朝臣は宗像三女神（福岡県宗像市）の国家祭祀に専従したと見られます。安曇宿禰の貴族としての史料は確認できず、活躍の実態は不明です。

（2）吉備（下道《しもつみち》）朝臣真備《まきび》（六九五〜七七五）の抜擢は異例中の異例です。

（3）碑文の「国」の字は、正確には「くにがまえ」の中が「玉」ではなく「王」です。多賀城碑もこの字体です。一方、多胡碑・金井沢碑は「國」です。その後も、この二つの字体は並行して使い続けられます。

（4）眞保昌弘氏は、『侍塚古墳と那須国造碑　下野の前方後方墳と古代石碑』（本文前掲）で、この新羅人を持統天皇四年二月の条に見られる「新羅沙門詮吉、級飡北助知ら」をふくむ三十八人ではなかったかとされています。その可能性が高いと思いますが、厳密に言えば、論証できません。

（5）辰も節も「とき」の意味をもちます。そこで「とき」と読んでみました。

（6）『続日本紀』和銅六年五月甲子の条。

（7）『出雲国風土記』総記。

（8）多賀城碑には偽作説もありましたが、発掘調査等により記載の天平宝字六（七六二）年十二月一日をそう下らない時に建てられたと、現在では考えられています。（東北歴史資料館・宮城県多賀城跡調査研究所編『多賀城と古代日本』など）。

（9）那須国造碑同様、刻まれていた文字の字体は「くにがまえ」に王です。

(10) 東人についても、神亀元年の位階は従五位上（『続日本紀』神亀二年二月壬子の条）で、多賀城碑の記載とは違っています。

(11) 漢人の代表格は東（倭）漢直《やまとのあやのあたひ》です。通常は百済系と考えられています。ここに新羅とあるのは、神功皇后伝承が新羅を主たる対象として作られているからでしょう。

(12) 欽明天皇元年八月の条は、秦人の数を七〇五三戸と記しています。五十戸＝一郷で割れば一四〇郷を超えます。通常の一国を超える、途方もない数です。

(13) 欽明天皇十七年七月条の注に「韓人は百済也」とあります。

(14) 子午足の「子」を「こ」と読む説が比較的一般的ですが、『続日本紀』の渡来人の氏《うぢ》の名はほとんどが音読みです。

(15) 天平宝字五（七六一）年三月十五日の条に「百済人余民善の女ら四人に姓、百済公を賜ひ、韓遠智ら四人に中山連、王国嶋ら五人に楊津連、甘良東人ら三人に清篠連、…高麗人達沙仁徳ら二人に朝日連、…新羅人新良木舎姓県麻呂ら七人に清住造…」とあるので、「甘良」は「加羅」ではなく「百済」に基づく可能性が高いと見られます。

(16) 天平神護二年の条に見える「子午足」の「子」に連なる氏名《うぢ》は、多胡郡及び、多胡郡で焼かれ上野国分寺に寄進された文字瓦に集中しています。「子午足ら」も、多胡郡中心に定住していたと考えられます。

(17) 和泉は霊亀二年に和泉監《げん》という、離宮特別管理区域として立国されますが、天平三（七三一）年、河内国に再吸収されます。天平宝字元（七五七）年、再立国され、和泉国とされました。

(18) 天平十三（七四一）年、能登は越中に、安房は上総に再統合されますが、天平宝字元（七五三）年、再度、立国されました。

(19) 天照大神の磐戸隠れについて記す『日本書紀』神代上第七段の第一の一書に、石凝姥《いしごりどめ》は、八咫《やたの》鏡を鋳る前に、「真名鹿《まなか》の皮を全剥《うつはぎには》ぎて天羽鞴《あまのはぶき》に作る。此《も》を用て造り奉る神《みかた》は、是、即ち紀伊国に所坐《ましま》す日前神なり」と記されています。大同二（八〇七）年忌部《いんべ》広成がまとめた『古語拾遺』は、同じ箇所を、「石凝姥神をして日像鏡《ひのかたちのかがみ》を鋳しむ。初めの度《とき》に鋳たる、少《いささか》に意に合はず是、紀伊国の日前神也」とあります。国懸神（宮）についての記述は見当たりませんが、常に両社は一体として扱われ、両神は、神階を贈らない別格の神社とされて今日にいたっています。

(20) 鹿島神宮の神郡＝鹿島郡の郡家《ぐうけ》は発見されています。鹿嶋市宮中の神野向《かのむかい》遺跡です。鹿島神宮境内 附《つけたり》 郡家跡として国指定史跡とされ、丹念な継続調査と整備が進められている点でも貴重な存在です。

(21) 『続日本後紀』天長十（八三三）年四月二十日の条に「常陸国鹿島大神 祝《はふり》外従八位上勲八等中臣鹿島連川上に外従五位下を授く」とあります。

(22) 香取神宮の祭神を『続日本後紀』承和三（八三六）年十月二十日の条などは「伊波比主命《いはひぬしのみこと》」と書いています。『日本書紀』も、経津主神・武甕槌神の葦原中国平定について記すなかで、「是の時、斎主《いはひぬし》神、斎之大人《いはひのうし》と号す。此の神、今、東 国《あづまのくに》檝取《かとり》之地に在り」と記しています（神代下第九段の第二の一書）。経津主神に引かれての文なので、経津主神と伊波比主命とは同一神格の異なる呼び方と見たいのですが、唐突感は否めず、厳密には論証できません。経津主神と伊波比主命の関係究明は残された課題です。

第六章 結びつける力――日本語・地域・仏教と東国

(1) 『増補版 上野三碑を読む』（雄山閣）、あるいは公益財団法人高麗美術館編『共生と民際の歴史学 上田史学を継承する』（雄山閣）をお読み下さい。

(2) 「三家（三宅・屯倉）」は役職ないし氏姓の場合もあります。金井沢碑との対比でみると、（佐野）三家は氏姓である可能性が高いと思われます。

(3) なお、他の文字は楷書体なのに「正」の文字だけは草書体です。どうしてなのか。今のところ断案はありません。

(4) 原文には「伊勢國人磯部祖父、高志二人、賜姓渡相神主。割上野國甘良郡織裳・韓級・矢田・大家、緑野郡武美、片岡郡山等六郷、別置多胡郡」とあります。

(5) 鹿島神郡設立を記す『常陸国風土記』も「下総国海上国造部内軽野以南の一里と那賀国造部内寒田以北の五里を割きて、別に神郡を置く」とあります。ますます多胡碑碑文の表現の特異性が際立ちます。

(6) 『古事記』一六例・『日本書紀』四六例中、熟語を除くと、モノ単独が七割を超え、ヒト単独は二割程度でした。

『続日本紀』はあまりに用例が多いので、和銅四年を含む巻四・五のみに限定しましたが、ヒトを単独で目的語とする例は一つもなく、「給」は価値あるモノを目的語とする場合にのみ用いられています。『万葉集』ではモノを目的語とする例もありますが、補助動詞としての使い方がほとんどです。

(7)『日本書紀』天武天皇十（六八一）年の条には、冠帯と並んで「氈褥《おりかものとこしき》（毛織物でつくった敷物）」という文言が見え、多様な階層で珍重されていました。

(8) kalyana-mitraの漢語訳「善知識」という言葉で本来の意味が伝わっています。天台宗、禅宗、浄土真宗、日蓮宗などでよく使われます。

(9) 史跡土塔（七二七年、大阪府堺市中区土塔町）発掘調査で発見されたヘラ書き瓦の「知識尓入《にいる》」や、平安時代初めに成立した仏教説話集『日本国現報善悪霊異記』に見られる僧や国司の「知識を率引す」は相似た表現ですが、特定の指導者による組織化の傾向が強く、一族周辺の団結である金井沢碑の「知識結」とは、やや趣を異にする感を否めません。

(10)「所結」を漢文用例から「結ぶところ」と読み、三家毛人らが先に、あるいは別に知識を結んでいたと読む解釈もあります。しかし、それでは、知識の主・従関係が説明できません。むしろ三家毛人らの知識が主、先行という形になりかねません。

おわりに　日本となった東国

都が平安京に移る前後から、藤原朝臣以外の貴族集団は急速に没落していきます。上毛野君―東国六腹朝臣も例外ではありませんでした。

東国も、特別な地域としての特性を失っていきます。蝦夷地とみなされていた奥羽の地は、東国と同質の社会へと成熟を深めました。対応するかのように、筑紫―大宰府は、外交・防衛の拠点から通商窓口へと役割を変えていきます。

国家意思を形成する主体は、王を出す家つまり皇室と、后を出す家つまり藤原朝臣に集約されていきます。

大宝元年に成り立った日本という国家は、およそ一世紀の後、王を出す家と后を出す家の制度的な結合という形で完成したと言えるかもしれません。それから一世紀の後、遣唐使が停止され、国風文化が花開きます。

その中で、王を出す家は、新たな臣籍降下貴族を生みだします。源氏と平氏です。倭国の時代に土族・貴族が担った役割に類した動きを彼らは示していきます。

しかし、倭国から日本への動きが求心的なものであったのに対し、新たな動きは遠心的なものになっていきました。たしかに多様で生き生きとした創造と新たな地域集団が生みだされましたが、社会の分裂をも引き起こしました。

わけても、十五世紀半ば以降の遠心的な動きは、一五〇年にも及ぶ内乱の時代をもたらしました。戦国時代とは、実に的確な命名と言わざるをえません。一五〇年に及ぶ内乱は、最後に、朝鮮に対する無謀な侵略戦争を引き起こし、日本・朝鮮両国の民に甚大な被害をもたらしました。首謀者の死によって戦争には終止符が打たれ、首謀者の後継者が国内勢力によって打倒されて内乱も集結します。

内乱を終結させた勢力は、新しい国家の建設を始めます。国家の中心を京都から東国の寒村に移しました。東国が日本の中核となりました。京都には、引き続いて、王を出す家と后を出す家が残りましたが、第三の貴族集団が東国を中心に形成されていきます。新たな貴族集団は、血縁に加えて、地域における統治権の相互確認、国家統治の分担を形成の根拠としました。

東国の一寒村を起点に全国に至る道路網・舟運網や産業基盤の形成に尽力し、全国均一の貨幣制度や通信体系を整備しました。

現代日本の国土構造、産業経済構造は、明らかにそれを踏襲しています。

内乱を終結させ新たな安定をもたらした勢力の中核となった家は、王を出す家の祖先神の祀りに匹敵する祖先神を祀る制度を作り上げました。日光東照宮と日光例幣使街道です。その先蹤を考えると、藤原朝臣による春日大社が浮かびます。

歴史学研究者としての実証性からは逸脱することを自覚しつつ敢えて申し添えるなら、私たちの社会は、倭という名前で中華冊封体制の一員となった西暦紀元前後から、大宝元年の日本国誕生を経て、都を京都に移すまでの八〇〇年、安定から内乱へと様相を大きく変えながらも、都が京都にあり続けた八〇〇年、そして、列島に展開する国家が、中心を、東国の江戸・東京に置き替えた、これまでの四〇〇年の三段階を経て来たように思われます。

最初の八〇〇年をヤマトの時代、次の八〇〇年をミヤコの時代、いま、そのただなかにある四〇〇年をアヅマの時代と呼ぶことができるかもしれません。

東国に定点をおいて、都が京都にあった八〇〇年の時代、東国の一寒村・江戸を中心として現代に踏襲された四〇〇年の時代をどう考えたらよいか。日本を考える第二幕、第三幕を夢想しています。

本書は、京都大学理学部以来の親友・水野寛君との二年ほど前の雑談に発します。故あって理学部を中退し在野の歴史家の道を選んだ私の経緯と研究の現状を、水野君は超一流の編集者の眼でたぐり出し「ぼくが面白いと思う本を書けるか」と挑発しました。本書は挑発への回答です。どれほど面白がってもらえるかは心許ない状況ですが、水野君と、中退の私を同級生として遇し続けてくれている71S5（一九七一年Science 5組）の友人達の声援に謝して擱筆とします。

【著者紹介】熊倉　浩靖（くまくら　ひろやす）
1953年群馬県高崎市生まれ。1971年京都大学理学部入学。学生運動に参加し中退。在学中から日本古代史の上田正昭（京都大学教授）に師事。1975年、井上房一郎の指導の下、高崎哲学堂の設立に参画し、福永光司・司馬遼太郎・梅原猛などの講演を企画・運営し、薫陶を得る。市民立シンクタンクＮＰＯぐんまを設立（代表理事）。高崎経済大学地域政策学部講師、群馬県立女子大学教授・群馬学センター副センター長を経て、現在、高崎商科大学特任教授。群馬県文化審議会副会長。日本ペンクラブ会員。
単著に『改訂増補版　古代東国の王者——上毛野氏の研究』2008年・雄山閣、『日本語誕生の時代——上野三碑からのアプローチ』2014年・雄山閣、『増補版　上野三碑を読む』2017年・雄山閣など。編著に『群馬県謎解き散歩』2013年・新人物文庫（現在KADOKAWA）など。他に共著・論文多数。

「日本《にほん》」誕生《たんじょう》——東国《あずまのくに》から見《み》る建国《けんこく》のかたち

2020年３月21日　第１版第１刷発行

著　者　熊倉浩靖
発行者　菊地泰博
組　版　デザイン・編集室エディット
印　刷　平河工業社（本文）
　　　　東光印刷所（カバー）
製　本　積信堂
装　幀　大森裕二

発行所　株式会社　現代書館
〒102-0072　東京都千代田区飯田橋３-２-５
電　話　03(3221)1321　振　替00120-3-83725
ＦＡＸ　03(3262)5906　http://www.gendaishokan.co.jp/

編集協力・水野寛
 ISBN978-4-7684-5873-0

活字で利用できない方のための
テキストデータ請求券
「日本」誕生